U0555454

首都经济贸易大学法学学科建设系列

法律家演讲录

（第4卷）

张世君 主编

中国政法大学出版社

2022·北京

声　　明　1. 版权所有，侵权必究。

　　　　　2. 如有缺页、倒装问题，由出版社负责退换。

图书在版编目（ＣＩＰ）数据

法律家演讲录. 第4卷/张世君主编. —北京：中国政法大学出版社，2022.10
ISBN 978-7-5764-0696-2

Ⅰ.①法… Ⅱ.①张… Ⅲ.①法律—文集 Ⅳ.①D9-53

中国版本图书馆CIP数据核字(2022)第193871号

出 版 者	中国政法大学出版社	
地　　址	北京市海淀区西土城路25号	
邮寄地址	北京100088 信箱8034分箱　邮编100088	
网　　址	http://www.cuplpress.com（网络实名：中国政法大学出版社）	
电　　话	010-58908441(编辑部) 58908334(邮购部)	
承　　印	北京九州迅驰传媒文化有限公司	
开　　本	880mm×1230mm　1/32	
印　　张	6.5	
字　　数	160千字	
版　　次	2022年10月第1版	
印　　次	2022年10月第1次印刷	
定　　价	29.00元	

总　序

首都经济贸易大学的法学本科教育始于 1984 年。1993 年开始招收经济法专业硕士研究生。2006 年开始招收民商法专业硕士研究生。2011 年获得法学一级学科硕士学位授予权，目前在经济法、民商法、法学理论、国际法、宪法与行政法等二级学科招收硕士研究生，同时招收法律硕士研究生。2013 年设立交叉学科法律经济学博士点，同时招聘法律经济学、法律社会学等方向的博士后研究人员。30 多年来，经过几代法律人的薪火相传，首都经济贸易大学法学院已经形成了相对完整的人才培养体系。

为了培养高素质、实务性的法律专门人才，首都经济贸易大学法学院在常规性的教学计划之外，还持续性地邀请资深的法律家到校演讲。这里所谓的法律家，主要是指从事法律实践工作的法官、检察官、律师、政府系统的法律官员以及个别具有丰富实务经验的法学研究者。作为实践经验丰富的法律家，他们为首都经济贸易大学的法学学子带来了不同于法学家的立场与思维。

法律家的立场与思维是什么？作为对照，不妨先看看法学家的立场与思维。循名责实，法学家应当以法学研究为业。显然，这是一种相对超脱的立场。统而言之，作为知识分子群体的一个组成部分，法学家的主要职责是告诉这个社会：人类法律的演变过程是什么，不同地方的法律有何异同，法律的价值与局限何在，法律的应然与实然怎样。分而言之，法学家应当具有科学与哲学两种品性：科学的品性要求法学家具有科学的精神，能够像一个自然科学家那样，严谨地观察和剖析各种各样的社会关系，从而为一个社会构建起一整套充满逻辑性的法律概念体系与法律规则体系，其根本目的在于促进人类的共同生活更趋稳定、和谐、有序。哲学的品性则要求法学家具有反思的精神，能够对现实法律与现行秩序中的消极因素质疑，并予以中肯的批判，打个比方来说，法学家提供的反思与批判，应当像一套可以升级的杀毒软件，既有助于清除法律有机体内的病毒，又可以增强法律有机体自身的免疫能力。

与法学家不同，法律家既是某种法律的实践者、操作者，同时也是这种法律的表达者，甚至可以说是一种法律的极其鲜活的载体。譬如，透过一个国家的法官群体带有的普遍性的言行举止，旁人大体上就可以触摸到一种真实的、有质感的法律形态。从这个意义上看，法律家乃是一种法律（或一种法律文化）的构成要素之一。一个国家的法律如果离开了法律家，就不可能成为一种活生生的法律，仅仅只是一些干枯在纸面上的文字符号。正是考虑到这一点，可以说，法律家的确是站在"法律之内"的。进一步看，站在法律之内的法律家群体，又包含了立法者、司法者、行政执法者、法律服务者等多种角色。他们各自的角色又有一些微妙的差异。其中，立法者的职责在于借鉴法学家的言说，及时而准确地从社会关系中提炼出一整套法律规则，借以公正地界定不同主体之间的权利与义务、权力与责任，并合理地安排社会生活秩序。司法者的职责，一方面要服从法律，另一方面也要通过法律解释、法律论证、法律推理、利益衡量、价值判断之类的法律方法,使简单的法律丰满起来,这就是所谓的创造法律。概而言之,司法者的职责既表现为服从法律中的创造性,也表现为创造法律中的服从性,是服从法律与创造法律的统一。至于行政执法者的角色,又不同于司法者,因为行政领域的科层制促使行政执法者既要"依法行政",同时也要"依上级的命令行政"。还有以律师为核心的法律服务者,他们的角色要求他们既要服从法律,同时还要最大限度地维护委托人的利益。

可见,在面对法律的时候,法律家与法学家的立场是不同的:法律家是在法律之内看法律,法学家是在法律之外看法律。这种位置上的差异可能造成某种紧张关系:法律家可能埋怨法学家"不切实际",法学家则可能指责法律家"缺乏终极关怀"。然而,恰恰是法律家与法学家分别表达的立场与思维,才构成了对话得以展开的前提条件。一套成熟的法律,其实就是不同的思维在相互交锋、相互责难的过程中被逐渐塑造成形的。试想,如果法律仅仅交由法学家来塑造,那样的法律可能会趋于"不切实际";如果仅仅交由法律家来塑造,那样的法律又可能会趋于短视,缺乏历史的自觉,甚至会"捡了芝麻丢了西瓜"。只有通过不同话语之间所形成的"必要的张力",才可能防止一个国家、一个时代的法律"剑走偏锋",陷于偏执与狭隘。从这个角度上看,一套良善的法律,有赖于法律家与法学家之间的对话与商谈。一言以蔽之,在转型时期的中国,要塑造出一套成熟的法律与法治,既离不开成熟的法学家的支持,也离不开成熟的法律家的贡献。

在数量庞大的法学出版物中,法学家的见解已经得到了极其广泛的展示,各种法学期刊、法学著作,已经给法学家的智思提供了广阔的驰骋空间。相比之下,法律家的智思尚未得到有效的展示。为了更好地传播法律家创造的实践知识，首都经济贸易大学法学院对法律家们的系列演讲录音进行了整理，编辑成册，使法律家的经验、智慧有所汇聚、有所展示，进而惠及更多的法律人。作为一套连续出版物的《法律家演讲录》，就是因此而设立的。

法律家言，言之有文，文行久远。

喻　中

首都经济贸易大学法学院

目 录

执行实施相关规定与实践　∥1
劳动争议在审判实务中的问题分析　∥67
司法改革背景下四级法院的职能定位研究　∥115
关于电子商务合同纠纷法律适用的问题　∥143

后　记　∥196

执行实施相关规定与实践

主讲人：宁群（北京市第三中级人民法院执行庭）
时　间：2018 年 9 月 7 日（星期五）13：30~15：00
地　点：博远楼 1 号会议室
举办方：法学院
主持人：法学院副院长　郑文科

演讲内容：

同学们好，我叫宁群，现在在北京市第三中级人民法院执行庭工作。今天到首经贸来给同学们讲课，对我来说也是一种学习。第一次跟同学们见面，我的心情特别好，与已经参加工作多年的人不同，你们特别年轻、有朝气。我也很感谢有这么一个机会，能再次回到学校，跟大家进行学习上的沟通与交流。

我本身从事的是执行工作，在法院工作已将近20年。大家都是研究生，理论功底应该都很深厚。但我准备给大家讲的执行部分课堂上是学不到的，一般老师也不一定能讲得到。我国目前还没有一套强制执行法出台，对于执行方面的规定大家也都是从民事诉讼法中零星了解到一些，在接下来的课程中，我给大家讲一讲执行这方面的内容，把我在工作中遇到的一些案例与大家分享，争取让这个课程不那么枯燥。

我的演讲主题是"执行实施相关规定与实践"，由于这个主题涉及内容过多、过杂，我将利用四节课的时间为大家讲述，第一讲主要是带大家认识一下执行工作，第二讲围绕动产的执行，第三讲以不动产的执行为主，第四讲针对其他财产权的执行。这节课是关于强制执行工作的介绍，主要分为三个部分：第一部分是强制执行的基本理论。第二部分是执行工作的实践和现状，也就是我们的日常工作具体如何进行。现在你们接触得比较少，今后若有机会也可以到法院去接触一下执行的工作，到时候就会有深刻的认识和体会。第三部分是执行工作的现实难点。不论你们将来写论文，还是写课题，这一部分都是你们研究的重点。

现在我们接着往下讲，在讲的过程中我会给大家穿插一些案例，但第一节课还是主要以理论为主，下一节课讲到财产查封处置部分就会以案例为主，这个部分是执行的精华所在，大家可以期待一下。

第一讲　强制执行工作的介绍

一、强制执行的基本理论

（一）强制执行的概念

在汉语中，"执行"和"强制执行"在很多情况下是同一概念。在人们的思想观念中，执行就是强制执行，常提到的"执行难"问题中的"执行"也是指"强制执行"。

大家是不是觉得执行就是去讨债？我和非法律工作者还有学习法律的学生都探讨过这个问题，他们都觉得执行就是去"讨债"，其实这样理解也没有错，它确实代表着执行的一方面。但是执行工作事实上是非常复杂的，它不像民法、刑法，在书本上就能较全面地学习到。执行是一门法律学科，它要求工作者有较多的社会经验，如果你进入这个领域学习、实践，久而久之你就会发现这个领域可供研究的东西非常多。

从广义角度讲，强制执行指的是人民法院和其他有关机关按照法定程序，运用国家的强制力量，将已经发生法律效力的判决、裁定，以及其他法律文书，按其内容和要求加以实现的活动。从类型上看，分为民事强制执行、行政强制执行和刑事强制执行。今天给大家介绍的内容主要限定在民事强制执行和刑事裁判涉财产部分的强制执行之内，即人民法院按照法定程序运用国家强制力，根据生效法律文书进行的明确、具体的执行内容，强制义务人完成其所承担的义务，以保证权利人的权利得以实现的制度。发生法律效力的文书，包括但不限于以下几种：民事判决书、调解书、裁定书、具有强制执行效力的公证债权文书等。这些文书一经生效，义务人应当自动履行，如拒不履行，权利人可申请人民法院强制执行。提出申请的权利人称为申请人或申请执行人，被指明履行义务的人称为被执行人。此处需要说明的是，涉财产部分的刑事强制执行案件由刑事部门将案件移送执行部门执行。民事执行法院则是被动的，只有当事人申请执行才能立案，案件才能移交过来。但刑事案件方面，判决后涉财产部分必须得由刑事审判庭将案件转移到执行部门才能启动这个程序。

（二）强制执行的性质

在现行民事诉讼法的框架下，民事及刑事涉财产部分的强制执行是一种司法权，其强制执行是作为法院司法权的重要组成部分而存在。因此，司法权是民事强制执行的根本性质。在强制执行程序实施的过程中，从不同的实施环节都可以看出其被动性、权威性以及终局性，而这些特性也正是司法权所具有的。强制执行具有被动性，主要是因为民事强制执行的发起是被动的，需要权利人向法院进行主动申请；权威性则体现在强制执行过程中出现异议，则需要由特定的执行审查机关进行裁决；终局性是指强制执行会带来一系列的后果，这些后果需要由被执行人承担，基于该原因，可以将强制执行归属司法权的范畴。事实上，强制执行的实施和异议基本上是并存的，在执行过程中你们就会发现当事人会提出各种各样的异议，包括对执行行为的异议、案外人对财产权属的异议等。我国对执行工作的规定特别严格，考虑到如果执行案件一味追求效率而粗暴地执行，会严重损害被执行人和案外人的权利，所以目前针对这个问题制定了一系列法律法规。

(三) 执行权的职权依据

下面，我将日常进行执行工作所应用的法律法规给大家做一个简单的阐述。这些法律法规在将来的法院工作、律师工作中基本都能用到。我国目前尚未制定独立的强制执行法，有关执行权的职权依据主要来自《中华人民共和国民事诉讼法》第三编的执行程序，由于执行问题的复杂性，该部法律也只能展现其冰山一角，未来仍需要更多的法律规范、司法解释等来进行不断的完善。

目前最高人民法院出台的对执行工作进行规范的司法解释、规范性文件及指导性意见有：《关于适用〈中华人民共和国民事诉讼法〉执行程序若干问题的解释》《关于人民法院执行工作若干问题的规定（试行）》《关于人民法院民事执行中查封、扣押、冻结财产的规定》《关于执行案件立案、结案若干问题的意见》《关于执行款物管理工作的规定》《关于人民法院办理执行案件若干期限的规定》《关于公布失信被执行人名单信息的若干规定》《关于限制被执行人高消费及有关消费的若干规定》。关于最高人民法院《关于限制被执行人高消费及有关消费的若干规定》，我稍微展开讲一下，相信大家在网络平台总能看到这样的事情：这个人被拉黑了，被失信和限高了。法院确实在进行着这样的工作。这个规定是 2015 年出台的，自公布到现在有 900 多万人已经被实行了限高，为什么要这么大力度实行呢？首先，限高会导致当事人无法乘坐飞机和高铁，这是最基本的一个规定。其次，失信对人身的强制措施更加严厉，在实践中我们也发现失信和限高是执行当中非常有效的措施。自从采取这两个措施之后，到法院来主动履行的大有人在，解决了很多的问题。除了以上规定及意见，还有最高人民法院《关于严格规范终结本次执行程序的规定（试行）》《关于人民法院网络司法拍卖若干问题的规定》《关于执行和解若干问题的规定》《关于执行担保若干问题的规定》《关于人民法院办理仲裁裁决执行案件若干问题的规定》等。这些规定基本上涵盖了执行问题的大部分内容。

二、执行工作的实践和现状

执行权是人民法院依法采取各类执行措施及对执行异议、复议督促执行进行审查的权力，包括执行实施权和执行审查权。执行实施权就是前面所说的"讨债"；执行审查权就是在执行过程中，对被执行人和案外人提出的异议进行审查。而我主要做的就是执行实施工作，下面我将执行实施工作的基本流程做一个介绍。

执行实施权的范围主要是财产调查、控制、处分、交付、分配以及罚款、拘留措施等事项。执行工作的基本流程：

（一）执行启动

执行案件的启动方式分为两种：一是依法由当事人申请执行，即民事强制执行案件；二是符合移送条件由审判庭移送执行，即刑事判决中涉财产部分案件。其中民事强制执行案件与审判程序的被动性息息相关，遵循不告不理原则，同时也有执行时效的约束，如果所主张的权利在法律文书中生效且履行期限届满二年之后申请强制执行，被执行人则享有执行时效抗辩权。这个依照《最高人民法院关于适用〈中华人民共和国民事诉讼法〉的解释》第483条第1款的规定："……被执行人对申请执行时效期间提出异议，人民法院经审查异议成立的，裁定不予执行。"就是说判决也好、裁决也好、公告债权文书也好，属于你的申请执行是有时间限制的，就是在二年之内，你必须去申请执行。要是过了二年以后才到法院申请执行，法院还是会受理的，然后转到执行部门，这个时候如果被执行人不提出异议，依然可以执行；但如果被执行人提出异议，后果就很严重，因为超过时间而且申请执行人也拿不出理由，没有中止、中断的事由，法院就会裁定不予执行,从而你的债权就没法实现。所以说权利一定要自己争取、把握,过了期限是无法补救的。

申请强制执行要符合法定条件。2008年调整的《最高人民法院关于人民法院执行工作若干问题的规定（试行）》第18条规定,人民法院受理执行案件应当符合下列条件:①申请或移送执行的法律文书已经生效。意思是说到法院来申请执行,判决书或裁决书规定的履行期限是十日或十五日,但你拿到判决书、裁决书很兴奋,一拿到就到法院来申请执行,这种情况是申请不了的,因为执行是有履行期限的,期限没到就不能申请执行。②申请执行人是生效法律文书确定的权利人或其继承人、权利承受人。③申请执行人在法定期限内提出申请。④申请执行的法律文书有给付内容,且执行标的和被执行人明确。这里的给付内容是指在执行时有可供执行的内容,如果没有可供执行的内容,即使到法院来申请执行,法院也无法执行。关于执行标的明确,我以前执行过一个案件,最后无法执行下去。甲公司和乙公司签订了一个买卖合同。乙公司当时觉得家具市场环境好,让甲公司做一批家具,乙公司负责卖。甲公司按期把家具做完了,但这时候乙公司发现家具市场环境不好了,乙公司就不想再花钱买这批家具,甲公司只好把家具都放在仓库里,随后将乙公司告上法庭,要乙公司按照合同支付家具费用。乙公司得知甲公司告自己,就反诉甲公司,要求甲公司给其交付这一批家具,而且家具要符合产品标准。当时这个案子的判决结果是,乙公司构成违约,支付给甲公司做家具的费用,甲公司要把符合标准的家具交付给乙公司,然后这两家公司全都到我们法院来申请执行,由于费用是明确的,乙公司应该付给甲公司多少钱,这个很快就给执行了。但甲公司要把家具按标准交付给乙公司成了一个问题,家具本身是有期限性的,比如今年流行的是这一款风格,当时卖得很好,到了执行阶段已经过去了两三年,原先甲公司做好的那批家具已不符合当下风格,拿出去卖也没人要。除此,家具放在仓库里两三年,就很难说这批家具还符合当初签订合同时的给付标准,这个情况是很难执行的。当时合同约定要乙公司认可符合标准才算收货。最后确实是很为难,我们把甲乙公司叫到一起进行调解商议,但乙公司一直坚持说家具不符合标准;同时家具长期存放在仓库里,占用仓储空间,甲公司也称自己有损失。这个案子就是解决不了,最后以判决标的不明确、不符合执行条件,把这个执行案子驳回了。所以执行标的明确是非常重要的。⑤义务人在生效法律文书确定的期限内未履行义务。⑥属于受申请执行的人民法院管辖。人民法院对符合上述条件的申请,应当在七日内予以立案;不符合上述条件之一的,应当在七日内裁定不予受理。

执行案件立案完成后,转交到执行实施法官手中。承办人应该迅速及时地完成对卷宗的审阅,了解案件情况的同时还应特别注意了解申请执行人书面提交的各种执行线索,以便及时控制财产,保障申请执行人的债权及时实现。保障申请执行人的债权及时实现,必要时要与申请执行人进行谈话,避免遗漏关键财产线索,因为申请执行人往往掌握被执行人的财产动态。至于为什么要及时呢?是因为有些人存在转移财产、隐匿财产的情况,一旦让其转移,再往后追,这个事情就变得很复杂,并不是单纯的我认定其转移了就能够把财产转移回来,这个往往要通过其他的诉讼、其他的异议来解决,这也是执行比较困难的一方面。

承办人阅卷完毕之后,与书记员完成执行通知书和报告财产令的制作和发送工作,通知被执行人及时履行生效法律文书确定的义务,并严格依照法律规定及时向人民法院报告财产。这是两个义务,一个是承办人方面,要求承办人收到案件材料后要向被执行人发出执行通知书、报告财产令等相关法律文书。另一个是被执行人方面,被执行

9

人要是不申报财产，或者不如实申报，首先会让其出现在失信被执行人名单上，其次是予以拘留。

(二) 财产调查与处置

金钱给付类案件立案后，执行法官会依法对被执行人名下的财产进行调查，财产调查的主要方式是传统查控，现在还有非传统查控。传统查控指法院依职权到协助单位，如金融机构、不动产登记部门、车辆管理部门，对被执行人名下的财产进行调查，申请执行人提供被执行人的财产线索，被执行人向法院申报财产状况。非传统查控主要指网络查控，通过网络与各协助单位进行交互，实现网络查找被执行人名下的财产。如果有案件需要执行，我们现在主要通过关联着最高人民法院的统查系统直接进行查询。统查基本可以将被执行人所有账号，还有所有账号名下的房产、车辆都查到。使用统查系统执行力度很大，只要是欠了钱，当了被执行人，就很危险，你所有的财产执行法官都一目了然。

被执行人名下可供执行的财产类别包括：①收入、银行存款、现金、有价证券；②土地使用权、房屋等不动产；③交通运输工具、机器设备、产品、原材料等动产；④债权、股权、投资权益、基金、知识产权等财产性权利；⑤其他应当报告的财产。不同类别的财产有不同的执行方法，执行法官经调查发现，被执行人银行账户中有银行存款时，可以对该账户中的银行存款采取冻结、划拨的措施。如被执行人名下登记有房产、车辆、股权、股票，执行法官会首先对以上财产进行查封、扣押、冻结，在具备处置条件的情况下，依法及时推进评估、拍卖程序。

涉案财产的评估。目前北京市高级人民法院采用"定期摇号"的方式随机确定评估机构，评估机构接受法院的委托，对需处置的财产进行评估，执行法院根据评估价格，通过合议庭合议，确定司法拍卖的起拍价、保留价、保证金和加价幅度，并根据申请执行人的选择，在淘宝网、京东网、人民法院诉讼资产网、公拍网、中国拍卖行业协会网五家网络平台中任意选择一家进行网络司法拍卖。拍卖成交后，申请执行人的债权得以全部或部分实现。

信用惩戒和罚款拘留。信用惩戒就是我刚才所说的失信和限高。近几年来，信用惩戒是对被执行人威慑较大的执行措施，将被执行人纳入被执行失信人名单，须符合司法解释规定的情形。根据《最高人民法院关于公布失信被执行人名单信息的若干规定》第1条："被执行人未履行生效法律文书确定的义务，并具有下列情形之一的，人民法院应当将其纳入失信被执行人名单，依法对其进行信用惩戒：（一）有履行能力而拒不履行生效法律文书确定义务的；（二）以伪造证据、暴力、威胁等方法妨碍、抗拒执行的；（三）以虚假诉讼、虚假仲裁或者以隐匿、转移财产等方法规避执行的；（四）违反财产报告制度的；（五）违反限制消费令的；（六）无正当理由拒不履行执行和解协议的。""有履行能力而拒不履行生效法律文书确定义务的"这一项在实践中操作起来是较为困难的，因为你无法确定其是否具有履行能力。"违反财产报告制度的"是现在使用最多的，因为当有案件后，我们会把报告财产令等材料发给被执行人，如果你不申报，那肯定违反了财产报告制度，或者不如实申报，比如你有几辆车，你没报或只报一辆，这都是违反了财产报告制度，其实执行法院是可以看到被执行人名下所拥有的财产的，若被执行人不如实申报，就会出现在失信被执行人名单上。需要跟大家说明的是，列入失信人名单和限制消费措施的适用条件是不同的。大家都有一个误解，"'失信''限高'要上就一起上"，最早的时候大家把这两个规定混到同一个规定中，认为"失信"和"限高"是一回事，其实并不是。被执行人只要未全部履行生效法律文书确定的义务，执行法院即可对

11

其采取限制消费措施,可见对这个限制消费措施是规定得比较宽泛的,如果需要履行100万元,被执行人履行了90万元,还差10万元没有履行,一样可以上"限高",因为没有全部履行生效法律文书确定的义务。"限高"这个措施相较于"失信"会好一点,比如只是不让坐飞机和高铁。虽然上了"失信"一样也不允许坐飞机和高铁,但是对子女上学会有影响,因为失去信用,很多国外的学校,或者说出国申请都会被限制,这个规定也在不断完善。"失信"是很严重的一种强制措施,它比"限高"更严厉,不能轻易将被执行人纳入失信名单,因为"失信"和拘留、罚款是一样的,如果上错了到时候被执行人申请复议,还涉及一定的赔偿问题。

根据执行相关法律和司法解释的规定,可以总结出在以下情形下,可以适用罚款、拘留措施;构成犯罪的,依法追究相关责任人的刑事责任:①在法律文书发生法律效力后,隐藏、转移、变卖、毁损财产或者无偿转让财产,以明显不合理的价格交易财产,放弃到期债权,无偿为他人提供担保等,致使人民法院无法执行的;②隐藏、转移、毁损,或未经人民法院允许处分,向人民法院提供担保的财产的;③违反人民法院限制高消费令进行消费的;④有履行能力而拒不按照人民法院执行通知履行生效法律文书确定的义务的;⑤有义务协助执行的个人接到人民法院协助执行通知书后,拒不协助执行的;⑥以暴力、威胁或者其他方法妨害或抗拒人民法院执行的;⑦案外人与被执行人恶意串通转移被执行人财产的;⑧故意撕毁人民法院执行公告、封条的;⑨伪造、隐匿、毁灭有关被执行人履行能力的重要证据,妨碍人民法院查明被执行人财产状况的;⑩指使、贿买、胁迫他人对被执行人的财产状况和履行义务的能力问题作伪证的;⑪妨碍人民法院依法搜查的;⑫以暴力、威胁或其他方法妨碍或抗拒执行的;⑬哄闹、冲击执行现场的;⑭对人民法院执行人员或协助执行人员进行侮辱、诽谤、诬陷、围攻、威胁、殴打或打击报复的；⑮毁损、抢夺执行案件材料、执行公务车辆、其他执行器械、执行人员服装和执行公务证件的；⑯擅自转移已被人民法院冻结的存款或擅自解冻的；⑰拒绝报告或者虚假报告的；⑱当事人之间恶意串通，企图通过诉讼、调解等方式侵害他人合法权益的；⑲被执行人与他人恶意串通，通过诉讼、仲裁、调解等方式逃避履行法律文书确定的义务的。

咱们现在接着讲。我刚才总结了 19 条关于可以适用罚款、拘留措施，还有构成犯罪的，依法追究相关责任人的刑事责任的情形。其中有一条是拒不配合法院的，也就是接到人民法院协助执行通知书后，给当事人通风报信，协助其转移、隐匿财产，我之前就执行过类似案件，这个标的估计有 1 亿元。我接手这个案子之后进行统查，发现被执行人在某银行有 9000 多万元存款，这个存款数额直接可以执行，首先我到银行去把存款给冻结了。冻结之后我准备过两天把存款扣划。但当时银行不配合法院，对于这种小型银行来说，存款将近 1 亿元就相当于是这个银行的大客户。我们是上午去扣划的，快到下午 3 点还没扣划走这笔钱。银行方面给了各种托词，说扣划这么大笔钱必须得他们行长签字或者是什么其他理由。到下午 3 点的时候，银行说这笔钱的存单已经质押给银行了，不能扣划。我说："你一开始没说这个事情，我冻结了这么长时间今天来扣划，你提这个事情。我从上午 10 点到下午 3 点，扣划不走，一会说行长回来解决，一会儿又说这个存单质押给你们银行了，那你把合同拿出来"，银行的工作人员又说这个合同拿不出来。这个很明显有协助当事人转移、隐匿财产的行为。当时我们也没客气就直接给银行留了一张传票，说让银行负责人第二天上午到法院来。到了第二天上午，三个副行长到法院来协商这个事，但是主要负责人没来，我们就让他们把合同拿来，他们看到这样的形势也没办法，就说会把这事情给解决了。于是第三天，银行就把 9700 万元扣划给了法院。当然，因为这个银行第三天表现得还不错，把这笔钱都给扣划过来了，所以我们法院最后既没向银行罚款，也没拘留银行主要负责人。

　　我再给大家讲一下前一段时间发生在顺义的拘留案。某人向银行贷款买房，每月需要按照规定向银行还钱，这个人半年未向银行还款，银行就向法院申请仲裁。一般什么案子能到中级人民法院来呢？北京的规定是仲裁可以到中级人民法院。因为要是单纯的一审案件，能到中级人民法院来执行，这个标的是很大的，怎么也得上亿。他这个标的不大，才 200 多万元。银行把他告了之后，他不履行，于是银行就到我们法院申请执行。这人当时还能找到，我给他打电话的时候，他在电话里破口大骂。像辱骂法官这个情况，当然是不能允许的，这要是允许了，司法权威就荡然无存了。第二天，我们带着法警去他顺义的家里，这个人还挺有意思的，他让他母亲在家里面待着，自己躲出去了，不过后来他也回来了。回来了之后，我们问他说："给你打电话的时候你知不知道这是法院的电话，你是不是有债务没有履行？"他说电话里面骗子特别多，不知道是法院的电话。这样说也是个理由，我们问他这个钱怎么还？他就说不知道我们的身份是真是假，要打电话报警。当时我带了四个法警，再加上我们还有其他的同事也去了，他进他的屋里要报警，还要核实我们的身份。那这个肯定就是阻碍执行的行为，于是我们准备把他带回法院。在带他离开时，他一开始还特别嚣张，说自己之前因故意杀人罪坐了十多年监狱。后来我们调查了一下，他说坐过十多年的监狱确实属实，但他说自己是因犯故意杀人罪进监狱的事情纯属虚构。他说自己杀过人的目的主要在于吓唬我们。无论他之前因为什么进过监狱，我们都会将他带走，没想到，他的媳妇突然冲出来，阻碍法警。他看见自己妻子冲上来后，像受了刺激一样立马挣脱，对法警拳打脚踢，最终被法警制服。本以为可以趁着他母亲出去遛狗的时间将这个人带走，没想到他母亲在楼下未离开，听到动静上来看到了他被我们抓着，突然倒地，我们首先想赶紧把他母亲送到医院，但老太太就是不去，即使急救车来了，她也不去。我们询问老太太的身体状况，她说只要公正处理她儿子的事情她的病就好了，但是只能在她家里处理，不能带走。好在她儿媳妇通情达理，主动承认刚刚阻警的错误，最后我们将这个人与他妻子都带回了法院，念及他妻子主动认错，态度端正，还有老太太需要照顾，我们并未拘留他妻子，只将他拘留了15日。这个案子最终的效果还是比较好的，这个人被拘留之后确实承认了错误，同时这笔钱他也都还上了。所以就跟大家说一下，强制措施有时候是很管用的，尤其是对待这种看着很强横、很蛮不讲理的人，真采取了措施，他很快就承认自己的错误了。

(三) 执行结案

执行实施类案件的结案方式包括：执行完毕、终结本次执行程序、终结执行、销案、不予执行、驳回执行。

第一，执行完毕，就是指被执行人主动履行义务；或经法院强制执行，申请执行人实现全部债权；或当事人达成执行和解协议且执行和解协议履行完毕。这个很好理解，通俗讲就是法院强制执行被执行人的财产，把执行到的财产给申请执行人；或者双方达成执行和解协议，等被执行人自行履行完债务，这都叫执行完毕。

第二，终结本次执行程序，就是说经法院强制执行，被执行人暂无其他财产可供执行的案件，终结本次执行程序。如发现被执行人有可供执行财产，法院依职权或依当事人的申请恢复执行，继续对被执行人的财产采取执行。终结本次执行程序是现在法院结案经常用到的程序。当时制定这个程序的目的是什么呢？因为不是所有的案件到法院执行都能执行完毕，如果被执行人确实没有财产，无论是谁都无法完成执行。所以为了解决这个问题，最高人民法院制定出终结本次执行程序。通俗讲就是法院只要采取了全部措施去查找被执行人的财产，被执行人确实没有财产可供执行，最起码是暂时没有财产可供执行，法院可以对这个案子进行报结。这个报结的情况就叫作终结本次执行程序。案件终结本次执行程序是指，这个案件进入了一个叫作终结本次执行的终本库里面；案子进到这里面之后，只要被执行人有财产，这个案件就可以恢复执行。以上是第一点。第二点就是说这个程序有什么好处呢？以前要是执行案件都有一个时间限制，两年内要申请执行，这个案子要是执行不了，就有人劝当事人撤回执行，撤回之后当事人如果忘记，过了两年之后，你再想立案也立不了了。我们有了这个程序之后，这个案件就永远不过期，在终本库里边搜索，它永远都处于终结本次执行程序的状态，就是说只要被执行人有了财产，法院就能恢复执行。另外一点，这个程序越来越完善，现在被执行人的案件进到终本库里面，每 6 个月就会对这个案件的被执行人的财产进行一次统查。只要有财产显现出来，法院就可以强制让这个案件恢复执行。对于这个程序，我觉得确实解决了很大的问题，并且是比较实际可用的。如果发现被执行人有可供执行的财产，法院依职权或依当事人的申请都可以恢复执行。就是说，当事人发现了被执行人财产可以要求法院恢复执行；法院发现了被执行人财产也可以恢复执行，这是双向的，继续对被执行财产采取执行措施。

　　第三，终结执行，主要包括十种情况：一是申请人撤销申请；二是被执行人被人民法院宣告破产；三是拒绝执行的法律文书被撤销的；四是作为被执行人的公民死亡，无遗产可供执行，又无义务承担人的；五是追索赡养费、抚养费、抚育费案件的权利人死亡的；六是作为被执行人的公民因生活困难无力偿还借款、无收入来源又丧失劳动能力的；七是交付指定物的执行中，指定物确已毁损或灭失，双方当事人对折价赔偿不能协商一致的；八是被执行人在破产程序中与全体债权人达成破产和解协议，经破产法庭确认并已履行完毕的；九是依照《中华人民共和国刑法》第53条规定的免除罚金的；十是人民法院认为应当终结执行的其他情形。现在应该又增加了第十一种情况，即双方当事人达成和解协议，但是履行周期较长，这种情况下可以终结执行，并且在终结执行过程当中，对被执行人采取的强制措施可以不解除。我觉得新增的这条是非常实用的，因为在执行案件的过程当中，申请执行人和被执行人双方达成和解协议，协议要求履行周期一年或一年以上，按月付钱。以前遇到这种案件，只能要求申请人先撤回，如果撤回，对方不履行，申请人再要求执行。这样的话，被执行人所有的措施都要解除。现在有新的规定之后，如果这个案件达成和解协议长期履行，可以先把这个案件直接给终结了，如果将来对方不履行的话，申请执行人也可以恢复执行。所以说增加的这条是比较实用的。

第四，销案的结案方式，主要包括两种情形：第一种是被执行人提出管辖权异议，经审查异议成立，将案件移送有管辖权的法院或申请执行人撤回申请的；第二种是发现其他有管辖权的人民法院已经立案在先的。有时候我们也会发现，我们立了一个案，尤其是仲裁方面的，到我们法院来执行。立完案之后，发现没有执行依据，被执行人不在我们的辖区，他也没有财产在我们辖区。执行的规定有两条，一条是被执行人住所地，另一条是可供执行的财产所在地，这个案件两个条件都不能满足。因此对于这种不符合执行规定的案件我们就可能把它移送给有管辖权的法院。移送过去之后，我们法院对这个案件怎么处理呢？那就是销案，把案件从我们法院系统里注销。还有就是发现其他有管辖权的人民法院已经立案在先。这个案子到我们法院来申请执行，我们立了案，后来发现别的法院在我们之前已经立案了，已经在执行了,这个案子就属于重复立案。其实这个可能并不是特别明显,像有的案子在我们法院,有时候一下子立了两次。这种情况你们可能不实践都想象不到。现在提倡现场立案,还有邮件立案,有的当事人邮寄了一份,后来觉得不踏实,他就又跑到现场来立案。结果导致邮寄的案件也立了,现场的也立了。等到我们执行,就会发现这个案子立了两次。这种情况下,我们会把一个撤掉,另一个执行,这也是一种结案方式。

第五,不予执行,被执行人对仲裁裁决或公证债权文书提出的不予执行申请,经人民法院审查裁定不予执行的,以不予执行方式结案。这个就是说现在有一些案件,我们这边立了执行案件,但是另一边当事人申请不予执行。这种情况下被执行人有两种救济途径,一种是撤裁,向法院提出撤销仲裁裁决的申请;还有一种是到执行部门申请不予执行。这两种方法都是对被执行人的救济。撤销仲裁和不予执行,确实是救济方式但也是一种结案方式。

第六,驳回执行,执行实施类案件立案后,经审查发现不符合法律、司法解释规定的受理条件,裁定驳回申请的,以驳回申请方式结案。前面我给大家讲的家具的案件就是以驳回申请方式结案的。

下面讲一下信息化时代,执行工作发生的新变化。信息化建设,为执行工作争取到了更多的资源,成为全社会关注的焦点,促进了执行工作社会共治。在解决执行难的过程中,信息化扮演着极为重要的角色。近年来,法院信息化立足应用导向,进一步提升了执行网络化和阳光化,聚焦执行的智能化和可视化,具体包括:全面应用执行办案平台,继续优化网络执行查控系统,建立单独模块,对异地委托终本案件进行统一管理,推动执行流程节点定向公开,网络司法拍卖全民见证,信用惩戒信息社会共享和终本案件信息上网公示,强调执行的智能化应用,对案件进行科学分流、智能关联,深度挖掘执行大数据，实现智能分析决策，法院的执行工作初步迈入智慧执行阶段。

现在执行的查控系统已经非常完备，在执行工作当中对财产的查控，最起码能通过网络查询被执行人的银行账户、名下房产、车辆；对于公司，可以查到被执行人的对外投资，还有证券之类。这是一个全覆盖的网络系统。而且现在有好几家银行已经实现在网上直接冻结被执行人的银行账户，还可以在网上直接扣划。与之前的执行相比，现在网络查控能做到以下几点：首先，执行法官不用出去查询被执行人的财产，通过网络就可以得到被执行人所有财产的反馈；其次，某些银行在网络上就可以直接冻结、扣划被执行人的财产。不需要立马去银行进行冻结、扣划，大大节约了时间的成本。在执行工作中可以从以下几方面运用信息化建设：

第一，要全面应用执行办案平台。与审判工作相比，执行工作具有所涉部门多、案件种类多、管理难度大的特点，要消除消极执行、选择性执行、乱执行等现象，除进行制度规范之外，还有必要借助信息化手段，将执行案件纳入流程管理系统，压缩执行人员的自由裁量空间，将执行权关入"数据铁笼"。这个是什么意思呢？主要就是指之前执行过程中法官会出现懈怠执行或者不执行的情况。现在按照大数据平台反馈的信息来管理，很大程度上可以避免以上情况。我们所有的数据都是从网上反馈回来的，是否有钱或者有多少都是可以直接看到的。如果被执行人账号里有钱，法官不去冻结，不去扣划，就是渎职。压缩执行人员的自由裁量空间是指不需要法官主观去判断被执行人有没有财产。在以前，是否执行取决于法官，若法官看着这个人不像有钱的人，就可以不去查。但现在不行了，你看着人家穿得破破烂烂的，一反馈一个账户里有几千万，这个你要不去执行肯定不行。

第二，继续优化执行查控系统。最高人民法院与中国人民银行建立总对总、点对点网络查控系统。目前与法院建立联动系统的全国性商业银行已有多家实现了网络冻结、扣划功能。地方性商业银行的网络查询、冻结与划拨功能也在不断推进中。终本案件系统自动筛查、终本自动制度应用中出现问题，除因为程序标准未做统一严格规范之外，还因为这类案件未进入流程管理系统，在体外循环导致监督不到位。为强化对终本案件的监督、监管，2017年最高人民法院开发了终本案件管理系统，对终本案件实行集中管理、分类管理、动态管理和关联案件筛查。该系统每6个月自动对涉案被执行人进行集中财产调查，一旦发现财产，立即在系统中提示执行法院恢复执行，并对恢复情况进行实时监督。这个就是我刚才说的，所有的案件进到终本库，每隔6个月对这个案件进行筛查。筛查过程中被执行人的近期财产动态都会通过这个系统显示出来，如被执行人这6个月内账户进钱或者买车、买房等，只要查到有相关财产动态，就可以通过该系统恢复案件，进行执行。

第三，事项委托纳入系统监管。作为人民法院执行工作的重要组成部分，委托执行制度对于解决跨辖区案件的执行具有重要作用，但是委托执行在实践中落实较差，许多法院接到委托执行事项后，怠于执行，不进行反馈，甚至原封不动退回。为此最高人民法院于2017年9月印发《关于严格规范执行事项委托工作的管理办法（试行）》的通知，并在执行办案系统上开发人民法院执行事项委托系统，将事项委托纳入系统统一管理，这有助于充分发挥执行指挥中心的功能优势，进而严格规范委托事项管理。

这个委托事项是什么？之前你们可能没在法院工作过，对这块不太理解。执行工作会有一些涉案财产在外地的情况，但是到外地处置财产是很费劲的，因为有些财产的处置需要各个部门进行配合，如果财产在外地，外地的部门不配合，处置起来就会很麻烦。例如，前几年我查封了很多外地的银行账户，需要去"续冻"，那这几年我基本不用做别的事，就是经常出差到外地去"续冻"。现在我们部门有二十多个人，很少能凑全的。因为每周都有人在出差，每周都有人往外跑。所以做执行这个工作，是需要经常出差的。而委托工作办理这个设想确实能解决许多事情。比如冻结账号、续冻等事情可以通过委托当地法院进行办理。但是一些复杂的事情还是需要自己亲力亲为。举一个最简单的例子，前一段时间我们在沈阳处置了五套房产，需要去沈阳市不动产登记中心进行办理，我委托沈阳市当地的人民法院帮我送一个过户裁定书，当地法院却办不了。我亲自去沈阳市不动产登记中心，看到他们办理过户的规定才知道当地法院办不了的原因。各地的规定是不一样的，而且有些东西是很难去协商调解的。但是委托外地法院，确实对执行工作有极大的帮助，因为很多事情当地法院还是会比较好沟通。等你们将来走上这个工作岗位，从事了这个行业，就会在这方面深有体会，你们就慢慢了解吧。

三、执行工作的现实难点

第一，财产难寻。法院执行案件的标的物是被执行人的财产，只有被执行人有足够的财产，才能保证法律文书所确定的权益真正实现。被执行人接到执行通知后，为了躲避人民法院的传唤，有的居无定所、昼伏夜出，有的举家迁移、长期下落不明，加之社会人员流动性大，使得查找被执行人下落的工作难度增大。在一定程度上执行工作由民事执行变为一种刑事侦查。而我国法院民事执行干警与公安机关的刑侦干警，无论是职权还是硬件设备以及社会的支持程度等方面都有着悬殊的差别，导致执行工作难以开展。

第二，财产转移。随着网络通信技术的推广，信息时代的执行工作暴露的概率大大增加，大部分被执行人在执行人员赶赴现场时都已得到相关消息，并进行撤离，这往往使执行人员扑空，严重浪费了司法资源。由于被执行人不配合执行，或者有意逃避执行，加之个人财产申报制度不健全，个人故意以他人名字存款，有的将房产车辆登记在他人名下，躲避债务等；企业在银行多头开户，甚至有些单位以个人名字在银行存款，给执行设下重重障碍。当法院进行调查时找不到被执行人的任何财产，不仅使生效法律文书无法得到执行，而且引起权利人的不理解，甚至质疑，使法院执行工作陷入困境。以上说的转移财产的方式都是真实存在的，而且非常多。例如，怀柔某个人做大棚生意，召集了很多人投资，但后续政策出来大棚属于违章建筑，需拆除。这个人事先与妻子离婚，将财产转移到妻子名下，投资的人到法院申请执行，执行人员发现其名下账户未有财产，经过调查才发现这个人进行了财产转移。现在遇到这种问题，我觉得最好的方法就是采取刑事手段，到警察局去报案，按诈骗罪等罪名处理。

第三，部分被执行人丧失履行特定义务的能力。有相当数量的交通事故人身伤害赔偿等涉民事执行案件，加害人没有财产可供执行，被执行人没有履行能力，人民法院穷尽了手段也无法执行到位，这类案件虽然在形式上表现为生效法律文书确定的权利义务未能最终实现，但其本质上属于当事人面临的商业风险、交易风险或法律风险，这种情况并不少见。在我们中级人民法院的案件中，尤其像刑事案件，被告最轻也会被判个无期徒刑，很多都被判了死刑，这人都死了，怎么执行。例如，有人杀人了，造成很严重的后果，但加害人经济条件不好，无力赔偿，法院也无法执行。往往犯暴力性刑事犯罪的被告受教育程度较低，本身的经济状况也不好，这样的情况下被害人家属是拿不到经济赔偿的。现在的办法是，通过司法救助方式给被害者家属补偿一定的金额。这个就等于是国家出一部分钱来对这些比较困难的人、这些被害人的家属进行的一种帮助。但是它毕竟不是实际从被告人的财产中执行回来的，只能算是一种补充的解决方式。

第四，财产变现困难。在经济增速放缓、经济下行压力加大的形势下，人民法院在依法拍卖、变卖被执行财产的过程中，无人竞买现象开始增多，执行案件财产处置变现难度加大，债权人权益难以及时充分兑现。财产变现困难，在实际生活中是很常见的。一些优质财产变现容易，而其他一般的财产确实是不好变现。我在西安处置了两层家具城，还有国美的一层商铺，都经过了一拍、二拍、变卖，但就是卖不出去。如果要是在北京好的地段，我估计处理起来会容易一些。

第五，信息化调查手段仍需完善。现阶段，人民法院执行手段仍不够完善，网络执行查控体系建设正处于发展阶段，尚未覆盖全国及所有的财产形式。有些财产领域尚未形成完善的登记制度，单纯依靠查控体系，不能充分有效地控制被执行人的财产。特别是在落后偏远的地区，人民法院仍需主要依靠传统执行方式开展执行工作，查人找物仍需耗时费力，人民法院执行手段仍显不足。就好比，有的时候申请执行人提供了财产线索，你去寻找财产，光找到这个地方就很困难，更别提变现。我遇到过一个案子，申请执行人说被执行人在长春市的一个村子里有一个养牛厂，但是那个厂子连正常的登记信息与电话都没有。上次我去那个养牛厂，连公交车都没有，出租车也不去，后来我乘坐滴滴过去，结果越走越远，到了一个非常偏僻的地方。像这种地方的财产怎么处置？就算查封，将来变现也很困难。如果没有别的财产，你不处置，申请执行人肯定会有意见。所以说这些也是将来亟待解决的问题。

第六，协助义务人拒不协助。在执行程序中，有义务协助法院执行的单位和个人，拒绝配合法院，对法院的协助执行通知置若罔闻，以各种借口拖延时间，给法院执行设置种种障碍，甚至为被执行人逃避执行提供方便与协助，如给法院出具假资料、为被执行人通风报信、为被执行人转移财产等。少数部门对协助人民法院执行人为地设置障碍，甚至制定法外的内部规定，抵制执行权能的正常行使。现在网上银行操作十分方便，如果被执行人提前知道执行人员去扣划他的财产，一分钟之内他就能通过网上银行将他账户上的金额转走。所以执行的困难来自多方面。

第七，法院内部，案多人少的矛盾存在。近年来法院新收执行案件数量逐年大幅度递增，办案任务与司法资源之间的矛盾日益突出。1993年，当事人自动履行的比例占70%，需要法院强制执行的比例只有30%。2003年，需要法院强制执行的比例上升到52%，当事人自动履行的比例只占48%。十年的时间，需要法院强制执行的案件比例由30%上升到52%，表示法院工作量逐年增加。这个其实也是跟观念有关，前些年，好多人觉得欠债不还都很了不起，这些奇怪的想法导致自动履行的比例很低。这两年执行力度加大，我估计大家的观念会有所改变。确实以前很多的执行措施不到位，我欠着钱就欠着，躲两年就过去了，也没人再管我要了，法院也不追了。但现在的信用体制加上采取失信、限高等强制措施，你要不履行的话，就无法享受一些权利。所以说被执行人得考虑清楚，不履行的成本和今后受到限制而付出的成本是否成正比。像公司要是失信，贷款根本办不了。现在只要有诉讼记录，你这个公司要去贷款，银行都不给贷。所以现在好多公司都自觉履行债务，只有履行完到法院开一个已经履行完的证明，银行才能给他们贷款，给他们解决问题。就是用这些方式，让被执行人去履行债务。目前，自觉履行生效法律文书确定义务的债务人越来越少，申请强制执行的案件数量逐年上升，执行工作的办案压力依然在增大。

第八，执行救助资金不足。在申请执行人中有一部分是社会弱势群体，依靠执行结果无法保障自身权利。申请执行人遇到人身受刑事伤害无法劳动、没有生活来源的，被执行人被判处刑罚无可供执行财产的，交通事故的肇事车辆没有保险无履行能力的情形，对其若无适当措施予以司法救助，申请执行人的生活将没有保障，甚至会造成申请执行人因绝望而走上不归路，或引发严重的社会负面影响。当前，司法救助机制虽已建立，但救助力度仍不能满足实际需求，应视情况适当增加。现在司法救助主要集中在刑事方面，如刑事案件的被告人无力偿还、被害人生活困难、经济困难等情况。而当下的投资事业相当红火，尤其是投资公司宣称高利润高回报，年利率百分之几十，很多人可能觉得钱存在银行，利息太低，所以就把钱都拿去做投资。现在法院接收的这种案件特别多，占50%以上。很多人拿钱去做投资或者购买理财产品，而且不是在银行买的。银行出了规范，只能卖自己的理财产品，其他的像以前代卖的都不合规。还有一种类似的情况，如有位老年人把钱都投进了养老院，结果养老院负责人跑路了。这个就非常惨，这老太太在床上都动不了，老头因为这事也去世了，他有个儿子，也是生活很困难，又没工作，那这样的情况能不能进行司法救助呢？这就是可以研讨的点。但是现在司法救助主要用于刑事方面。

第九，执法环境有待改善。目前社会信用基础薄弱，财产登记和市场监管制度尚不完善，被执行人转移、隐匿财产现象依然突出，造成执行时无财产可循。房产登记、市场监管等行政部门与司法部门未能实现完美配合，有时候沟通起来并不顺畅，在执行过程中会产生一定的分歧，这也是一个亟待解决的问题。

执行难的成因比较复杂，它既有社会、政治、经济因素，又有法院管理方面的原因。它是一种社会综合征，是多种矛盾综合交织的结果。现在提倡二到三年基本解决执行难的问题，在这个大背景下，司法网拍、失信被执行人限制消费措施等新举措的推出，强有力地推动了执行难问题的解决进程。我们仍需进一步开阔思路，创新方法，完善执行措施，不断强化执行威慑力度，巩固执行成果，争取社会各方面的广泛配合与支持。只有如此，才能从根本上解决执行难的问题。今天咱们这个课，我主要介绍了强制执行的基本理论、执行工作实践现状和执行工作的现实难点这三部分。对于执行工作，大家今后有什么想法，有什么新的观点，可以多多找我，咱们多多沟通。因为执行工作，每个人都有自己的思路，每个人都有自己的想法，多多交流对于执行工作也有很大的帮助。

第二讲 动产的执行

财产的执行这块，你们将来接触到执行工作，或者有机会到法院工作或做律师就会体会到这块是所有执行工作的精华。这次主要给大家讲的是金钱债权的执行。按照执行依据所确定的债权不同，强制执行可以分为金钱债权的执行和非金钱债权的执行，平常说的非金钱债权，就是说行为债权的执行。咱们这堂课先讲一下像腾房、房产过户、版权过户方面的执行问题，单纯地讲一些理论的话可能不太好讲，所以我会结合案例进行讲解。

金钱债权的执行是指债务人在拒不履行执行依据所确定的、应当在一定期限内支付给债权人一定数额金钱的情况下，人民法院为实现债权人的金钱债权而进行的执行。金钱债权的执行包括对动产、不动产、其他财产权的执行。咱们这一节课讲一下对动产的执行，下一节课讲对不动产的执行，最后一节课再讲其他财产权的执行。

一、动产执行的概述

动产执行的概念是指为了实现债权人的金钱债权而对债务人的动产采取查封、扣押、拍卖、变卖等执行措施，以强制债务人履行金钱给付义务。动产执行的范围是什么呢？一是物权法意义上的动产，包括执行机动车、船只、生产设备、贵金属等，这都属于动产。二是属于货币，被执行人持有的货币适用动产执行的一般规定。货币作为特殊动产，本身就存在无法辨别的困难，同时也是一种价值符号。被执行人银行账户是行使货币流通手段的一种方式，账户内货币的占有与所有高度一致。只要货币合法转入，即属于合法交付，故通常情况下，被执行人名下银行存款应当按照银行账户记载的情况确认资金的归属。这个大家应该很好理解，主要就是说我的银行账户里面的钱那肯定就是我的，他的账户的钱我说是我的，一般这个是无法证明的。所以对货币的执行是比较简单的。之前我提到过，现在法院的统查系统可以对被执行人名下所有的财产进行统查，包括对方的银行账户、车辆、房产。其实最直观、最直接的就是银行账户。只要银行账户的钱足够，法院把钱冻结、扣划，在对方不提异议的情况下，将钱派发给申请执行人，就执行完毕。

就像我刚才所说，一般被执行人账户里面的钱可以认定是被执行人所有的，因为你本人开的账户就登记在本人的名下，但这种情况也有例外。我在最高人民法院的案例库找到了一个案例。当时，法院把被执行人的账户冻结，冻结了之后，有案外人提出异议，说这笔钱不是被执行人的，是他们的，最后法院还支持了这个异议。我给大家说一下这个案件的主要内容：2013年12月8日，某场与被告叶某某已故之夫杨某某签订土地承包合同书，约定甲方（原告某场）发包给乙方（被告杨某某）耕地面积150公顷，承包费的标准以乙方叶某某丈夫杨某某在发包会上竞价中标数为准，每年大约66万元，承包五年。其中国家土地补贴款每公顷每年是1190元，每年由甲方先行收回，剩余48万余元由乙方现金结算，双方以收据为凭。其余四年的承包费，扣除国家补贴款以外，乙方必须在每年的1月15日前以现金方式向甲方交齐，否则甲方有权将土地收回，另行发包，并不予退还保证金。合同生效后，叶某某丈夫杨某某以叶某某的名义在林口县农村信用合作社办理了一张储蓄卡，用于接收土地补贴款。叶某某丈夫杨某某将该存折交给某场，并告知了密码。2014年到2015年，这150公顷承包地的直补款均汇入叶某某该存折内，由某场直接领取，以折抵杨某某的承包费。其余48万余元，叶某某夫妇以现金方式支付完成。这个案件就是说，杨某某承包这块土地，约定好价格66万元左右，国家政策规定对于承包土地给予一定的补助。补助费本应该是补给叶某某的丈夫杨某某，但是杨某某当时与某场商量这笔补助款交给某场，杨某某以自己妻子叶某某的名义办了一张银行卡并把密码告诉某场，补助款到账之后，某场直接划走。后来，叶某某的丈夫杨某某因车祸去世。这时叶某某有经济纠纷，当事人申请执行叶某某的财产，执行叶某某财产时发现这个卡里面是有钱的，法院就直接把这笔钱冻结了。每年这笔钱原本都要划给某场的，但是某场发现这钱现在划不出来了。于是就向法院提出异议，说这笔钱是国家补偿这块土地的，虽然交给了叶某某，登记在叶某某名下，但叶某某应该交给某场，这笔钱应该属于某场。这个案子，法院最后支持了某场的请求。法院认为，某场与叶某某的丈夫杨某某签订的合同，约定土地承包费的给付方式，包括用国家拨付的土地补贴款，抵扣土地承包费，土地补贴款由国家定期统一拨付，而不是杨某某将其本人的金钱以客户等形式特定化后作为债权的担保。所以说杨某某与某场承包合同中明确约定，用国家拨付的土地补贴款抵扣土地承包费，并且，杨某某以叶某某的名义办理了储蓄卡还告知了某场银行卡密码，某场也从叶某某名下的这个账户里领取了两年的国家土地补贴款，因此认定这个钱应该属于某场，而并不是叶某某。为什么要讲这个案例呢？就是跟大家说明，今后在执行工作中，你会遇到各种各样的情况，很难一成不变，不是登记在谁名下，执行它就一定是没有问题的。所以说，今后在执行工作当中，有很多东西都需要注意。

二、动产的查封和扣押

根据方式程序的不同，控制被执行财产的执行措施主要有查封、扣押和冻结三种，我们在法院实际执行工作当中经常采取这三种方式。查封和扣押大家可能不大理解。对什么动产要采取查封，对什么动产采取扣押呢？基本上，对难以移动的动产需要查封、贴封条。对可以移动的动产，也可以采取查封，但也可以扣押，把这笔动产直接扣完之后，移走。

人民法院查封、扣押、冻结被执行人的财产，法院具体都怎么操作呢？法院应当作出裁定并送达被执行人和申请执行人。采取查封、扣押、冻结措施后，应当将查封、扣押、冻结财产的情况告知被执行人，被执行人有一个异议的权利。通知被执行人，就是为了保证被执行人权利的实行。

采取查封、扣押、冻结的措施需要有关单位或个人协助的，人民法院应当制作协助执行通知书，连同裁定书副本一并送达协助执行人。查封、扣押、冻结裁定书和协助执行通知书送达时发生法律效力。协助执行通知书在法院执行过程中用得特别多，它是和执行裁定并行使用的，它的作用往往比执行裁定的作用还大。因为我们到任何一家单位，只要给其一份协助执行通知书，这家单位就会配合法院的工作。

查封、扣押财产时，还应当遵循下列程序。今后大家要是从事这方面的工作一定要多注意。查封、扣押财产时，被执行人是公民的，应当通知被执行人或者他的成年家属到场；被执行人是法人或者其他组织的，应当通知其法定代表人或者主要负责人到场。拒不到场的，不影响执行。被执行人是公民的，其工作单位或者财产所在地的基层组织应当派人参加。对被查封、扣押的财产，执行人员必须清点并造具清单，由在场人签名或盖章后，交被执行人一份。被执行人是公民的，也可以交给他成年家属一份。在场人拒绝签名或盖章的，记明情况，制作笔录，并由执行人员、保管人及到场人员签名。

我前段时间经手了一个类似的案件，乙方承租甲方的一个场所，租期三年。到两年期的时候，乙方不支付甲方租赁费，并且乙方人也失踪了。这个案件在我们法院执行，虽然乙方走了，但是他的屋里面放了很多值钱的家具，如八仙桌、太师椅之类的。当时签订的租赁费是500多万，乙方留下的家具初步评估值一两千万。乙方走后，甲方将乙方的家具放置在一个仓库里。后来甲方起诉乙方，甲方胜诉之后到我们法院来申请执行。我们现在面临的问题是，这些家具已经被放在了仓库里，那怎么能确定这些动产的所有权呢？这些家具已经不在当时承租的房屋里了，这个房屋又租给了别人，现在找不到被执行人，只有申请执行人说这些家具是被执行人的，所以只能将这些家具查封。大家可以探讨一下，这种情况下能不能将这些家具进行评估拍卖？将来这个案件有什么处理结果的话，我也会和大家分享。

讲一下，"首封"和"轮候查封"的概念和区别。首封就是指某一家法院是第一个去对这个财产进行查封的。轮候查封就是指这一个财产已经被查封了，除已查封的法院外，还有其他的法院要对这个财产进行执行。比如，被执行人就只有一套房子，一家法院已经查封了这套房子，现在我们法院也要执行，那就会产生一个"轮候查封"的效果。"首封"和"轮候查封"的区别在于，"首封"产生查封效力，"轮候查封"只产生轮候效力。轮候效力是什么呢？我自己根据对相关规定的理解是："轮候"是没有查封上，不产生查封的效力。在具体实践操作中指一家法院已经查封了，这家法院就是"首封"，另一家法院又查封一次，那这家法院就是"轮候查封"，第二家法院的查封不产生查封效力。那么一家法院查封到期了之后,还要不要去续封呢?查封一个房产,查封期限是三年,如果这家法院是"首封",到了第三年一定要对这个房产进行续封。否则后面的"轮候查封"就直接顶替"首封",从原先的"轮候查封"变成"首封"了。这些情况我们必须得记住。有时忘记续封,导致财产流失,后果很严重,执行人员可能被认定为渎职,这就属于刑事犯罪了。比如,这个房产,第一个对其查封的是我们法院,由于我的疏忽大意,到时间了我没有续封,那么其他处于"轮候查封"状态的法院就会顶替我们法院,成为"首封"。只有首封法院才有处置权,谁首封谁处置这套房子。我们法院处在"首封"位置上,就可以把这套房子卖了满足我们的债权人。但是由于我们工作人员的疏忽,"首封"没有续封而被别的法院的查封给顶替了,我们的债权人的债权就不能实现了。这对于做执行工作来说,是一个非常大的失误。

下一个跟大家讲一下查封的方法。查封、扣押一般动产,人民法院可以直接控制该财产。将查封、扣押的动产交付其他人控制的,应当在动产上加贴封条或者采取其他足以公示查封、扣押的适当方式。查封不动产的,人民法院应当张贴封条或者公告,并可以提取保存有关财产权证照,查封、扣押、冻结已登记的不动产、特定动产或其他财产前,应当通知有关登记机关办理登记手续。查封尚未进行权属登记的建筑物时,法院应当通知其管理人或者该建筑物的实际占有人在显著位置张贴公告,符合办理预查封登记条件的,应当同时在有关登记部门办理预查封登记。这一段怎么理解呢?就是财产包含动产、不动产和其他财产权。要查封需要登记的财产,要到登记部门进行登记查封。要是没有登记部门,比如说一把椅子、一张桌子、一台空调等,怎么对它们进行查封?这些就要对其张贴封条。如果不贴封条,其他法院来了在该动产上贴了封条,那其他法院就变成"首封"了。

"首封"和"轮候查封",我刚才介绍了它们的差别,只有"首封"才有处置权。比如说我们同时好几家法院都查封了这块黑板,谁能处置这块黑板?只有"首封"能处置。

有一个查封效力冲突的规则,在实际工作当中是非常有用的。对有登记的不动产、特定动产或其他财产,未办理查封、扣押、冻结登记手续的查封、扣押、冻结,不得对抗已经办理查封、扣押、冻结登记手续的查封、扣押、冻结。对没有登记的财产,未在现场张贴封条或公告的查封、扣押、冻结,不得对抗在现场张贴封条或公告的查封、扣押、冻结。比如,刚才我们说的动产,贴了封条的就能对抗没有贴封条的。我说查封了,我没贴封条,到时候别的法院贴了封条,他们就算首封。再比如一套房子,我到不动产登记中心进行登记查封,和直接到这个房子去贴查封公告、贴封条,这两个行为谁的效力在前呢?到不动产登记部门进行查封的效力在前,因为房子是需要登记的。

被执行人或第三人就已经查封、扣押、冻结的财产所做的转移、设定权利负担或者其他有碍执行的行为,不得对抗申请执行人;第三人未经人民法院准许,占有查封、扣押、冻结的财产,或者实施其他有碍执行行为的,人民法院可以依据申请执行人的申请或者依职权解除其占有,或者排除其妨害。人民法院的查封、扣押、冻结,没有公示的,其效力不得对抗善意第三人。

关于查封的效力范围。查封、扣押、冻结的效力及于查封、扣押、冻结物的从物和天然孳息。查封财产法定孳息的,人民法院应当在执行文书中予以载明,但按法律、司法解释规定,查封效力及于法定孳息的除外。查封地上建筑物的效力及于该地上建筑物使用范围内的土地使用权。查封土地使用权的效力及于地上建筑物,但土地使用权与地上建筑物的所有权分属被执行人和第三人的除外。地上建筑物和土地使用权的登记机关不是同一机关的，应当分别办理查封登记，查封、扣押、冻结的财产灭失或者毁损的，查封、扣押、冻结的效力及于该财产的替代物、赔偿款。人民法院应当及时作出查封、扣押、冻结该替代物、赔偿款的裁定。

首封期限及续封的期限问题。最新的民事诉讼法司法解释将查封时间、续封的时间进行了调整。最早的时候，例如，查封银行账户最长时间是半年，查封车辆是一年，查封房产是两年，查封股权是两年。现在将查封期限延长了，银行账户查封期限是一年，车辆查封期限是两年，房产、股权查封期限是三年。"轮候"不适用期限的规定。就像我刚刚说的，"轮候查封"就相当于没有查封上，其实是不用续封的。但是登记机关要求你去续封的，必须续封。

关于查封、扣押实施的价值相当原则。价值相当原则是指在执行中，查封、扣押的财产以被执行人应当履行义务的责任范围为限，又称不得超标的额查封原则，旨在防止执行权不当使用或滥用而侵害被执行人的合法权益。这是什么意思呢？在执行中查封必须以被执行的额度为限。比如说你欠了500万元，法院去查封一个价值5亿元的东西，这个可不可以？事情不是那么绝对的，这也是可以的。但什么情况下才可以呢？是对方没有其他财产可供执行，这5亿元的财产又是不可分割的，这样的话不属于超标的查封。但是如果你被执行的是500万元，你有一套价值600万元的房子，另一边有一个价值15亿元的写字楼，还有其他财产值几千万。那法院是查几千万的，查几个亿的，还是查600万元的一套房子呢？肯定要查数额和标的额最相近的。今后你们可能也会到法院去工作，也可能从事执行岗位。刚刚开始干执行工作的时候，就有一种冲动，我当然也有，就是发现对方有财产，见到财产我就想封。要是对方对这个情况不提异议还好，要是提了异议的话，就很麻烦。这就是一个超标的查封，你需要解释为什么超标查封。也是存在例外的，就是我刚才所说的，要是标的是整体不可分割的，又没有别的财产的话，是可以查封的。我曾经就办过一个类似的案件，执行标的 6000 万元，这个被执行人除了一个在建工程没别的财产，但是这个在建工程股价值 20 多个亿，超过了被执行标的的数额。因为这个在建工程的地段太好，处置时很抢手，所以最终完成了执行。

第三讲　不动产的执行

上一讲为对动产的执行，下面我们讲对不动产的执行。

对不动产的执行，是在处置财产中遇到的最频繁的，也是产生争议和纠纷最多的，将来无论作为律师、法官，还是执行法官，会经常遇到这方面的问题。我们主要讲四个方面，第一个是不动产执行的概述，第二个是不动产的查封，第三个是不动产的变价处理，第四个是案外人异议和案外人执行异议之诉。

先简单说一下法院执行部门的构架，以我所在的北京市第三中级人民法院为例。现在第三中级人民法院下设立了一个执行局，执行局下面分三个庭，为一、二、三分庭，我是一庭的，专门负责实施工作。二庭是裁决部门，负责当事人对执行行为提出异议的案件或案外人对执行行为提出异议的案件的审查。三庭分两块，如果决定执行案件但发现没有财产，结案就要按照最高人民法院规定的终结本次执行程序，终结本次执行程序但案件实际没有完结，将来当事人发现财产或在系统中统查到财产，就要进行一个恢复执行。恢复执行最早的时候是谁的案件恢复到谁手中，后来北京市高级人民法院考虑到手执案件加上恢复案件会分散精力，影响效率，所以设立了专门负责执行恢复案件的部门，这样避免了做手执案件的法官负担过重，在执行新的案件时，总有旧的案件需要解决，十分牵扯精力。三庭还有一个部门叫指挥中心，按照机构架设构造来看，它的作用可能没有完全发挥。指挥中心当时设立的目的是作为一个总调度、核心大脑。执行局中所有的工作，都要通过指挥中心来调度，执行程序是否合法，案件的节点是否到位，指挥中心起到总体协调、调度的作用。但是具体落实的时候，由于人员设置等问题，指挥中心现在主要通报高级人民法院、最高人民法院下达的数据等事宜。

一、不动产执行的概述

言归正传，我们讲一下对不动产的执行。不动产执行的概念，主要与动产执行相类似，也需要经过查封、拍卖等执行措施，在无特殊规定情形时，不动产执行措施可以适用动产执行的有关规定，这个是说，不动产和动产在执行上有共性，也有区别。它们存在以下两处不同：一是特定财产的预查封作用；二是查封登记手续，很多动产不需要到部门去登记备案，可以直接查封，不动产不一样，涉及房产、土地，需要到登记部门备案，然后再进行查封。

我们先说一下预查封。预查封是指人民法院对被执行人尚未办理不动产物权登记，但又履行了一定批准或备案手续的不动产进行预先查封的制度。下列房屋，未进行房屋登记，人民法院可以进行预查封：一是作为被执行人的房地产开发企业，已办理了商品房预售许可证且尚未出售的房屋。这是说，房地产开发商作为被执行人，这些房屋还未办理房屋登记，法院可以查封。我们之前在洛阳办理了一个案子，一个开发商和一个投资方，投资方将钱投资到开发商的项目中，房地产开发商出了一些事情，房屋的项目没有做完，资金已经不足，商品房的预售许可证也没有办下来。后在投资方的帮助下，开发商办好了房屋预售许可证并将三分之二的房屋售出，但是开发商将所得的收入进行了转移，并未分给投资方，于是投资方到法院申请将房屋全部查封。这件事情非常复杂，房屋都已经售出，导致了法院想处置却不好处置。因为买房子的人并不知道这些情况，如果几百户上千户已经入住，是无法搬出去的。所以在实际情况下，不仅要预查封，还要在小区明显地方贴上通知。开发商作为被执行人的情况很多，所以预查封实际上是非常重要和关键的。二是被执行人购买的已由房地产开发企业办理了房屋权属初始登记的房屋，这个是指被执行人买了房，但是其还没有办理房屋产权证，这个时候，法院可以查封他的房产。三是被执行人购买的办理了商品房预售合同登记备案手续或者商品房预告登记的房屋。以上三种情况都有其相似之处。

我们再说预查封的效力和期限问题。土地部门和房地产管理部门是应当依据法院的协助执行通知书和所附的裁定书办理预查封登记，土地房屋权属在预查封期间登记在被执行人名下的，预查封登记自动转为查封登记。预查封转为正式查封后，查封期限从预查封之日起开始计算。预查封的期限和效力，和正式查封是一样的。预查封期限届满之日，人民法院未办理预查封续封手续的，预查封的效力消灭，查封时需要续封，预查封的时候同样需要，这和正式查封是一模一样的。

二、不动产的查封

第二个问题，我们讲一下不动产的查封。之前我们讲了动产的查封，分为一般的动产查封和特殊的动产查封，一般的动产查封就是贴上封条，将其控制住；特殊的动产，像车辆、船，还需要进行一些登记。我们下面就讲一讲不动产的查封。

我们先说已登记不动产的查封。已查封的不动产，人民法院应当张贴封条，或者公告，并可以提取、保存有关财产权证，像房产证之类的。查封已登记的不动产，应当通知有关登记机关，办理登记手续；未办理登记手续的，不得对抗其他已经办理登记手续的查封行为。最主要的部分就在于对已登记的不动产的查封，必须到登记部门办理手续，否则相当于没有查封。如果被执行人名下只有一套房产，这一套房产的涉案比较多，好几家法院都去查封，这时就要看哪一家法院在不动产登记部门先进行了登记，这个很重要，首封法院是有处置权的，后面的法院没有处置权，首封法院的债权人可以得到满足。如果不及时续封，给债权人造成财产损失的话，就有可能构成渎职，需要承担刑事责任。之前我们与一个法院同时执行一块土地，这种情况在基层法院比较常见，虽然标的不大，但人数众多，这块土地他们法院先行查封，我们法院轮候查封，后来这个法院未及时续封，按照电脑系统首封不续封自动就顺位到后面，这样就应该由我们法院享有处置权，事情就变得很麻烦，如果真的存在这种情况的话，可能会使几百户人的利益得不到保障。所以不动产登记是非常重要的，不能出差错，尤其做这个工作，小的事情还好处理，大的事情想补救也补救不了，涉及好几个亿或者涉及人数众多，真出了事情的话是没有办法补救的。

未登记建筑物的查封。查封尚未进行权属登记的建筑物时，人民法院应当通知其管理人或者该建筑物的实际占有人，并在显著位置张贴公告。这个情况就是说在建工程，在工作或者实践中，也会碰到的，而且应该不会少，我就碰到过几个这样的案件。建筑物的用途是有很多的，有商业用途、有住宅用途、有写字楼用途，不看规划许可证的话是不知道这个楼具体是用来做什么的。建筑物往往也存在这样的情况，还没有盖完，就出了问题，这个时候主要想处置土地，但土地上还有建筑物，建筑物又没有办权属证书，应该怎么处置？遇到这种情况，我们在处置土地的时候，对地上的建筑物也要评估作价，一并拍卖。

处置不动产情况特别复杂，当时由我处置北京二环边上的一块土地，这块土地的地上有一个在建工程。在实践中你就会发现处置在建工程是非常复杂的，它的规划许可证和它的现状是不符的。它的规划许可证登记的是写字楼，拿到这块地之后，开发商觉得盖写字楼比较亏，所以他把这块土地的使用性质由原先的写字楼用途改成了商业用途，商用的话就可以盖成一个酒店，这样价值就不一样了。后来开发商出事被抓，这块土地一放就是好几年，虽然土地使用性质改变了，但是没到北京市规划委员会做变更手续，也没到北京市国土资源局备案，[1]这样问题就变得很复杂了。更复杂的在于，开发商按照商业用途盖楼，但所盖的楼层数超过了商业用途规定的楼层数，比如可以盖20层，他盖了22层。当时我给北京市规划委员会发过一个函，就问这个房子有可能是违建，规划用途和许可证也不一致，这样能不能处置？北京市规划委员会答复得比较笼统，让我依照规定办理，还给我邮寄了一些关于违建方面的规定，但是没有落实。最后我与评估公司协商，将这栋楼所有的情况如实披露，按照正常价评估。并且在拍卖公告中明确标出，有可能是违章建筑，规划用途不一致，购买者自担风险。我觉得这样就可以了，因为法院不是万能的，解决不了所有的事情。你们也要学习一下，其一，工作要严格按照规定；其二，一定要头脑灵活，对一些事情要学会自我保护。但是，自我保护首先要立足于你要看到风险点在哪里，不知道风险点在哪就是"无知者无畏"。所以说多学习是有好处的，最起码对自己是一种保护。

下一个是不动产查封的一般规定，咱们讲不动产查封的一体原则，就是查封地上建筑物的效力及于该地上建筑物使用范围内的土地

---

[1] 2016年7月20日，北京市政府决定设立北京市规划和国土资源管理委员会，不再保留北京市规划委员会、北京市国土资源局。本案例发生在此之前。

使用权，查封土地使用权的效力及于地上建筑物，但土地使用权与地上建筑物的所有权分属被执行人与他人的除外。地上建筑物和土地使用权的登记机关不是同一机关的，应当分别办理查封登记。这个情况就是，如果房子和土地都属于同一个人，法院查封地上的房子就及于这套房子所占用的土地；查封这块土地也及于这块土地上所修建的房子。这条规定是很重要的，以前经常发生这种情况，比如我们法院把房子查封了，没有查封土地，等处置房子的时候，发现土地被其他法院查封了，这样两家法院怎么分是难以决定的。这条规定就很好，谁先查封的，就由谁来处置土地及地上建筑物。

下一个讲一下可分割和不可分割的不动产的查封。人民法院对可以分割处分的房屋应当在执行标的额的范围内分割查封，不可分割的房屋可以整体查封。分割查封的，应当在协助执行通知书中明确查封房屋的具体部位，房屋有具体的楼层和房号的，应当注明。这条就是说在查封的时候法院不能超标的查封，好比这一栋楼里，我有50套房，其中25套房子就和价值标的相当，那查封25套就可以了，这属于可分割的不动产的查封。超标的查封执行人会提异议的，如果造成损失，还会涉及赔偿。但是不可分割的是可以超标的查封的，比如执行标的1亿元，被执行人名下有一个不动产价值20亿元，除此之外他没有别的财产了，这种情况下就可以把不可分割的这20亿元的财产进行查封，如果还有其他财产就不能这样查封。可分割和不可分割在工作中需要多注意一下，执行的风险是无处不在的，你所做的任何一个执行行为，别人都有可能提出异议，因此需要合法合规地做，尤其现在法律越来越健全，限制还是很多的。

咱们继续讲不动产的查封问题。被执行人将其所有的需要办理过户登记的财产出卖给第三人，第三人已经支付部分或者全部价款并实际占有该财产，但尚未办理产权过户登记手续的，人民法院可以查封;第三人已经支付全部价款并实际占有,但未办理过户登记手续的,如果第三人对此没有过错,人民法院不得查封。如果第三人对法院执行行为有异议的,可以提出异议。讲到提异议,当时我在顺义的时候,有这样一个情况,申请执行人是某资产公司,被执行人是个大的开发商,开发商向某资产公司借钱,把房屋抵押给资产公司,抵押的房屋按照规定是不能出售的,但是开发商跟资产公司说把房子卖了就能还上欠资产公司的钱。因此资产公司就到抵押部门开具了一个同意开发商卖房子的说明。结果房子卖完之后,开发商并没有把钱转给资产公司,那些房子也还登记在开发商名下,资产公司只好提起诉讼。我们去执行的时候,把这些房子都查封了,并且在小区内贴了一张查封公告,公告上贴的是我自己和几个书记员的座机号码,已购买房子的人就天天给我们打电话。我就跟他们说去提异议,当然最后支持异议了,房子都解封了。虽然这是在抵押过程中出售的房屋,但是资产公司当时是同意卖房屋的,所以也不能对抗善意第三人,毕竟买房子的人不知道真实情况。这个案子执行了两年多,最后将开发商的一些别墅查封,查封别墅的时候,通过我们做工作,开发商把钱全部还给了资产公司,大概一两个亿。这是对被执行人出售不动产的查封。

还有一个是被执行人购买不动产的查封。被执行人购买第三人的不动产,已经支付了部分或者全部价款并实际占有该不动产的,虽未办理产权过户登记手续,但申请执行人已向第三人支付剩余价款,或者第三人同意剩余价款从该财产变价款中优先支付的,人民法院可以查封。然后说一下不动产的轮候查封,主要涉及顺位、风险等问题。两个以上人民法院对同一宗土地使用权、房屋进行查封的,国土资源、房地产管理部门为首先送达协助执行通知书的人民法院办理查封登记手续后,对后来办理查封登记的人民法院作轮候查封登记,并书面告知该土地使用权、房屋已被其他人民法院查封的事实及查封的有关情况。轮候查封的顺序按照人民法院送达协助执行通知书的时间先后进行排列，查封法院依法解除查封的，排列在先的轮候查封自动转为查封，查封法院对查封的土地使用权、房屋全部处理的，排列在后的轮候查封自动失效，查封法院对查封的土地使用权、房屋部分处理的，对剩余部分，排列在后的轮候查封自动转为查封。预查封的轮候，也是按照这个规定。这个很好理解，通俗讲就是首封的查封按照时间顺序，首封不续封，后面的就变成首封了。还有一个情况，是关于处置的，我们法院首封，后面有8家法院轮候查封，我们法院把这个房子卖了之后用不用告诉后面8家法院，让他们去解封？这是不用的，因为查封法院对查封的土地使用权、房屋全部处理的，轮候查封自动失效。现在北京对这一条贯彻执行得比较好，首封法院正常处置之后，向不动产登记中心送达执行过户裁定书，表明房屋过户到新的买受人名下就可以了。刚才这条是从《最高人民法院、国土资源部、建设部关于依法规范人民法院执行和国土资源房地产管理部门协助执行若干问题的通知》中得出的，是明确的规定。这里面规定不动产登记部门是具有配合法院协助义务的，对人民法院查封或者预查封的土地使用权、房屋，国土资源、房地产管理部门应当及时办理查封或者预查封登记，国土资源、房地产管理部门在协助人民法院执行土地使用权、房屋时，不对生效法律文书和协助执行通知书进行实体审查。国土资源、房地产管理部门认为人民法院查封、预查封或者处理的土地、房屋权属错误的，可以向人民法院提出审查建议，但不应当停止办理协助执行事项。这规定得非常明确，但是如果行政部门对于法律规定理解得不够透彻，可能会干扰法院的执行工作。行政部门还有什么协助义务呢？国土资源、房地产管理部门对被人民法院依法查封、预查封的土地使用权、房屋，在查封、预查封期间不得办理抵押、转让等权属变更、转移登记手续，商品房预售合同登记、备案等手续，但经查封法院同意的除外。这个还是要配合法院，不能擅自作主，也很明确。国土资源、房地产管理部门明知土地使用权、房屋已被人民法院查封、预查封，仍然办理抵押、转让等权属变更、转移登记等手续的，对有关的国土资源、房地产管理部门和直接责任人可以依照《中华人民共和国民事诉讼法》[1]第114条的规定处理。国土资源、房地产管理部门依法协助人民法院执行时，除复制有关材料所必需的工本费外，不得向人民法院收取其他费用，这个现在不管到哪里去都是按照规定不收取费用的。综上，行政部门是有协助人民法院执行的义务的。如果行政部门过度审查，或者给法院增加一些条条框框，是属于行政和司法的一个冲突，遇到这种情况也只能是协调来解决。

三、不动产的变价处理

不动产查封这方面咱们就讲完了，下面咱们讲讲不动产的变价处理。在变价处理土地使用权、房屋时，土地使用权、房屋所有权同时转移；土地使用权与房屋所有权归属不一致的，受让人继受原权利人的合法权利。

下面是被执行人唯一住房的情形。传统的观念中认为被执行人只有一套住房时，法院就不能执行。在执行中经常遇到被执行人理直气壮地说"我名下就这一套房，不能执行"。以前是有这种说法，但是现在明确规定是可以执行的。在金钱债权执行中，被执行人所有的唯一住房，符合下列情形之一的，人民法院可以执行，一是对被执行人有抚养义务的人名下有其他能够维持生活所必需的居住房屋的。二是执行依据生效后，被执行人为逃避债务转让其名下其他房屋的。三是

---

[1]《中华人民共和国民事诉讼法》（2017年修正）。

申请执行人按照当地廉租住房保障面积标准为被执行人及所扶养家属提供居住房屋，或者同意参照当地房屋租赁市场平均租金标准从该房屋的变价款中扣除五至八年租金的。第三种情况在实践中适用得更多一些。我们法院前一阵处理了一个案子：被执行人在外地有5套房，我们把这5套房都给卖了，卖了之后跟申请执行人协商保障被执行人生活所需的五至八年的租金，申请执行人同意并给被执行人留下40万元，在当地租房五至八年不是问题，当然跟被执行人也说了，他当时是比较配合的，但是现在迟迟不搬，给他租的房子的钥匙也已经给他了。法院给他限定的时限是到9月23日，到时候还要看看他搬不搬。这个相当于给他最大的关照了，他可能也是有难处，不知道为什么现在就不太配合，现在就只能跟他说，如果你不配合，这40万元租金可能给你酌减，而且你要再不配合，我们就要强制腾退，再不腾退，我们可能按拒不执行判决、裁定罪走刑事程序。因为当时做的笔录中他明确写了配合法院，现在反悔是不可能的，房子都拍卖出去了，买受人交了钱住不进去，法院的压力也很大的。

下一个是划拨国有土地使用权的执行。查封划拨国有土地使用权后，人民法院经与国土资源管理部门取得一致意见，可以裁定予以处理，所得价款应当先行缴纳依法应缴纳的土地使用权出让金，但以国有划拨土地使用权为标的物设定抵押，土地行政管理部门依法办理抵押登记手续，即视同已经具有审批权限的土地行政管理部门批准，不必再另行与土地行政管理部门协商。

下一个是集体土地使用权的执行。对于划拨土地使用权和集体土地使用权执行的共同点是，人民法院都要与国土资源管理部门取得一致意见。人民法院执行集体土地使用权时，经国土资源管理部门取得一致意见后，可以裁定予以处理，但应当告知权利受让人到国土资源管理部门办理土地征用和国有土地使用权出让手续，缴纳土地使用权出让金及有关税费,对处理农村房屋涉及集体土地的,人民法院应当与国土资源管理部门协商一致后再行处理。无论是处理划拨国有土地使用权,还是处理集体土地使用权,首先不能直接进行评估、拍卖,土地所有权是国家的,是需要与国土资源部门商量的。并且土地集体使用权是一个特殊的性质,如果拍卖,性质该做如何安排是需要考虑到的。

还有一个是无证房产的执行。人民法院在执行无证房产的过程中,既要依法履行强制执行职责,又要尊重房屋登记机构依法享有的行政权力;既要保证执行工作顺利开展,也要防止"违法建筑"等不符合法律、行政法规规定的房屋通过协助执行行为合法化。执行程序中处置未办理初始登记的房屋时,具备初始登记条件的,执行法院处置后可以依法向房屋登记机构发出协助执行通知书,暂时不具备初始登记条件的,执行法院处置后可以向房屋登记机构发出协助执行通知书,并载明待房屋买受人或承受人完善相关手续具备初始登记条件后,由房屋登记机构按照协助执行通知书予以登记;不具备初始登记条件的,原则上进行"现状处置",即处置前披露房屋不具备初始登记条件的现状,买受人或承受人按照房屋的权利现状取得房屋。后续的产权登记事项由买受人或承受人自行负责。这个跟大家要说的情况就是,在实践当中要购买司法拍卖的房屋,需要不需要购房资格?这个很明确,必须要有购房资格,因为在拍卖公告中也会写明必须要有购房资格。如果你不具有购房资格,经过司法拍卖你买了这个房屋,会怎么样?有个问题就是,在网拍的情况下,具不具备购房资格,一开始法院是不审理的,在网拍时你只要交了保证金,就会提示你需要有购房资格才能买这个网拍房屋。如果说我不具备购房资格,但是我也参与了网拍,并且购买到了房子怎么办?一般的话,购买人都是比较理性的,有购房资格才会参与网拍,但是也有一些不理性的。我当时拍卖一套商住房，商住房得符合规定才能购买。这套被拍卖的商住房不仅面积大而且价格很合理，买到这套商住房的人，本身有一套较小的商住房且未卖出去，按规定是不具备购房资格的，只能等他符合条件之后再给他进行办理。因此，法院当时在执行时就写待符合条件后再办理过户登记。

执行法院向房屋登记机构发出协助执行通知书，房屋登记机构认为不具备初始登记条件并作出书面说明的，执行法院应在30日内依照法律和有关规定，参照行政规章，对其说明理由进行审查，理由成立的，撤销或变更协助执行通知书并书面通知房屋登记机构。理由不成立的，书面通知房屋登记机构限期按协助执行通知书办理。

下一个讲的是不动产上权利负担的处理。拍卖财产上原有的担保物权及其他优先受偿权，因拍卖而消灭，拍卖所得价款，应当优先清偿担保物权人及其他优先受偿权人的债权，但当事人另有约定的除外。这个很好理解，因为担保物权优于债权，拍卖财产上原有的租赁权及其他用益物权，不因拍卖而消灭，但该权利继续存在于拍卖财产上，对在先的担保物权或者其他优先受偿权的实现有影响的，人民法院依法将其除去后进行拍卖。其实现在最麻烦的就是租赁权，因为我们很多时候处置不动产，多多少少都会有一个租赁，一是在实施阶段很难分辨这个租赁的真假性，二是没有专门的程序来确认租赁合同是否有效。我们的工作习惯就是尽量将租赁权在拍卖公告上予以披露，披露之后，让买受人都清楚租赁权。按理说承租人是享有优先购买权的，因此在拍卖之前询问一下承租人是否行使优先购买权，若未询问，是违反程序的，是很严重的，往大了说可能导致拍卖无效。这样对在先的担保物权和其他优先受偿权的实现是有影响的，人民法院应当依法将其除去后进行拍卖。查封后被执行人擅自出租查封不动产的，不得对抗申请执行人，人民法院可以裁定解除承租人对该执行财产的占有，但不应当宣布租赁合同无效或者解除租赁合同。也就是说房产已经被法院查封了，但是被执行人又将其租出去了，这样法院怎么处理。之前山东省高级人民法院有一个请示，最高人民法院有一个批复，就是说在查封之后，关于被执行人擅自出租已查封的房产，执行程序中人民法院排除执行妨害，能否认定该合同无效，或解除租赁合同的请示。最高人民法院的答复如下：在执行程序中被执行人擅自处分法院的查封物，包括本案中以出租的形式妨害查封效果的行为，执行法院有权以裁定形式直接予以处理。根据最高人民法院《关于人民法院民事执行中查封、扣押、冻结财产的规定》第26条，被执行人擅自处分查封物，与第三人签订的租赁合同，并不当然无效，只是不得对抗申请执行人。第三人依据租赁合同占有查封物的，人民法院可以解除其占有，但不应当在裁定中直接宣布租赁合同无效或解除租赁合同，而仅应指出租赁合同不能对抗申请执行人。这是最高人民法院的一个答复。

但是具体在拍卖中怎么办？买受人怎么办？在执行实践当中，执行部门审查租赁合同是否签订于案涉房屋抵押、查封前，可结合下列情形予以审查判断，一是租赁合同的当事人在抵押、查封前已就相应租赁关系提起诉讼或仲裁的，这个很好理解，就是说在查封之前，当事人已经就关于承租方面的问题提出诉讼或仲裁的，这个作为证明的话，依据还是比较充足的；二是租赁合同的当事人在抵押、查封前已办理租赁合同公证的，这个真实性是可以考虑的；三是有其他确切证据证明租赁合同签订于抵押、查封前的，如租赁合同当事人已在抵押、查封前缴纳相应租金税、在案涉房屋所在物业公司办理租赁登记、向抵押权人声明过租赁情况等。这个很重要、很关键，如果房屋在查封之前租赁出去的话，法院是无法干涉的，即使拍卖，承租权依然存在。

执行机构审查案外人是否在抵押、查封前已经占有且至今占有案涉房屋的，可结合下列情形审查认定：一是案外人在抵押、查封前已经在且至今仍在案涉房屋内生产经营的，这个房屋一直被占有，在查封之前也被占有，这样的话可以作为一个依据；二是案外人在抵押、查封前已经领取以案涉房屋作为住所地的营业执照且至今未变更住所地的；三是案外人在抵押、查封前已经由其且至今仍由其支付案涉房屋水电、物业管理等费用，这些可以证明房屋被占有；四是案外人在抵押、查封前已经对案涉房屋根据租赁用途进行装修的，这也很明确；五是案外人提供其他确切证据证明其已在抵押、查封前直接占有案涉房屋的。

下面是承租人请求阻止移交占有的处理。承租人请求在租赁期内阻止向受让人移交占有被执行的不动产，在人民法院查封之前已签订合法有效的书面租赁合同并占有使用该不动产的，人民法院应予支持。承租人与被执行人恶意串通，以明显不合理的低价承租被执行的不动产或者伪造交付租金证据的，对其提出的阻止移交占有的请求，人民法院不予支持。这种情况在执行过程中经常发生，法院在审查的过程中，最根本的是审查租金的走账凭证，或者租金符不符合规定。之前我们碰到过一个案件，当时准备要执行房屋时，出现了一个租户，说和被执行人签订了租赁合同。我们要求他提供交租金的证明，他给了我一个他们双方达成的协议，说被执行人欠他钱，就将这个房子免费出租给他用来抵债。很明显这个是造假的，他提供不了走账的证据，除非是用现金支付的，但是现金支付也是不符合常理的。

还有一个，是不动产的移交及有关的占有解除。人民法院裁定拍卖成交或者以流拍的财产抵债后，除有依法不能移交的情形外，应当于裁定送达后15日内，将拍卖的财产移交买受人或者承受人。被执行人或者第三人占有拍卖财产应当移交而拒不移交的，强制执行。人民法院认为被执行人或第三人对不动产的占有影响变价了,可以在变价前依法解除其占有。这个是说房屋拍卖完之后,怎么移交给买受人。这一条,北京市的法院掌握得特别严格,就是说这套房子法院卖了之后,还负责把这个房屋交到买受人手里。但是这个也导致效率的问题,有的时候卖这个房子会有各种阻碍,如不腾退房屋就没办法拍卖。

还有一个是房地权利的转移及登记时的追溯,是指人民法院所作的土地使用权、房屋所有权转移裁定送达权利受让人时即发生法律效力,这个就是说裁定作出后,送达受让人就发生法律效力了,不以到房地产部门办理变更登记发生效力为主。国土资源、房地产管理部门依据生效法律文书进行权属登记时,当事人的土地、房屋权利应当追溯到相关法律文书生效之时。

四、案外人异议和案外人执行异议之诉

我们再接着讲一下第四个大问题,就是案外人异议和案外人执行异议之诉。讲异议是因为涉及不动产处置提异议的案件太多了。在执行工作当中,如果对异议和异议之诉不了解的话,是无法完全掌握不动产处置的内容的。案外人异议是指案外人对执行标的有足以排除强制执行的实体权利,在执行程序终结前,向执行法院提出的,停止对该标的实施强制执行的请求。在执行的过程中,案外人对执行标的主张所有权或者有其他足以排除执行标的转让、交付的实体权利的,可以向执行法院提出案外人异议。案外人对执行标的提出书面异议的,人民法院应当自收到书面异议之日起15日内审查,这个时间定得很短,我觉得一般15日内是审查不出来的。案外人提出异议的,应当在异议指向的执行标的执行终结之前提出,执行标的由当事人受让的,应当在执行程序终结之前提出。执行程序的终结,包括被执行人

自动履行完毕的、人民法院强制执行完毕的、当事人达成执行和解协议的等实体性结案，不包括终结本次执行程序等程序性结案。终结本次执行程序不是一个案件的终结，是因为被执行人暂时没有财产可供执行而实行的程序，这样做一是法院有结案的需要，二是终结本次执行程序后，这个案件也会定期统筹审查，只要被执行人有财产就可以恢复执行，当事人发现被执行人的财产也可以恢复执行。终结本次执行程序不是案件实体上终结了，终结本次执行程序案外人也可以提出异议。顺便提一下人民法院对案外人异议审查的内容：一是案外人是否系权利人；二是该权利的合法性与真实性；三是该权利能否排除执行。案外人对执行标的提出异议，经审查，按照下列情形分别处理：一是案外人对执行标的不享有排除强制执行权益的，裁定驳回其异议；二是案外人对执行标的享有足以排除强制执行的权益的，裁定终止对该标的的执行。当事人对案外人异议裁定不服，认为原判决裁定错误的，依照审判监督程序办理，认为与原判决裁定无关的，可以自裁定书送达之日起 15 日内向人民法院提起诉讼，这就是从异议转为异议之诉很关键的一步。就是说如果案外人提出的异议，没有得到支持，包括案外人和当事人，再救济就可以通过异议之诉解决这个问题。救济途径的期限是 15 天，超过 15 天之后，异议之诉就提不了了，这部分是很明确的。还有一个是案外人异议审查期间的执行，就是说在案外人提出异议的这段时间，法院还能不能对这个标的进行处分。正常来说是不能的，案外人异议审查期间，人民法院不得对执行标的进行处分。但是也有例外，案外人向人民法院提供充分有效的担保，请求解除对异议标的的查封、扣押、冻结的，人民法院可以准许，申请执行人提供充分有效的担保请求继续执行的，应当继续执行。例如，案外人的房子被查封了，他拿着现金来法院作为担保，请求解封的，人民法院可以解除对房子的查封；申请执行人很着急，觉得自己的权利得不到实现，也拿钱来法院作为担保，要求把这套房子处置了，将来发现处置错误了，申请执行人来赔偿，人民法院是可以对这套房子进行处置的。但是因案外人提供担保解除查封、扣押、冻结有错误，致使该标的无法执行的，人民法院可以直接执行担保财产。申请执行人提供担保请求继续执行有错误，给对方造成损失的，应当予以赔偿。对是否造成损失，以及赔偿数额由执行实施部门审查并作出决定，当事人对该决定不服的，可以依照《中华人民共和国民事诉讼法》提出异议。这是案外人异议审查期间的执行。

  案外人执行异议之诉期间是否可以执行呢？案外人执行异议之诉审理期间，人民法院不得对执行标的进行处分，申请执行人请求人民法院继续执行并提供相应担保的，人民法院可以准许。这个和异议其实是一致的，但是这个不好在哪呢，立法的本意就是保证被执行人和案外人权利不受到损失，但是走完程序再经过诉讼，没有一年以上的时间是完不成的，会影响执行的效率。当然，相对来说还是要保护当事人的权利不受到侵害。处置不动产时确实要慎重，卖了之后将来想恢复原状是很难的，因为买受人是善意取得的。我执行过一个案件，当时案外人说不能拍卖，他只要这套房，如果执行错了，给他任何补偿他都不要，当然案外人异议的审查没有支持他。所以说实际的情况就是这样，立法的角度是比较慎重的，不能损害大家的权益。

  时间比较紧，那异议之诉简单说一下，案外人执行异议之诉是指案外人基于对执行标的有足以排除强制执行的实体权利，向执行法院提出的不得对该标的实施强制执行的诉讼。这个刚才我一直说，大家不要混淆什么叫案外人执行异议，什么叫案外人执行异议之诉。异议是由执行部门来审查的，就像裁决庭，而提异议之诉就会转到民事部门审查。

  那现在我们讲一下拍卖。拍卖是指以公开竞价的方式，将执行标的物出卖给出价最高者。拍卖时要讲究拍卖优先原则。人民法院对查封、扣押、冻结的财产进行变价处理时，应当首先采取拍卖的方式，但法律、司法解释另有规定的除外。为什么要遵守拍卖优先原则？因为现在都是通过网络进行拍卖，网络拍卖是一种市场定价的方式，把拍卖物放到网络平台，大家公开竞价，每个人都是按照自己的想法叫价，算是最公平的一种拍卖方式。

网络司法拍卖是人民法院依法通过互联网拍卖平台，以网络电子竞价方式公开处置财产的行为。网络司法拍卖流拍是指网络司法拍卖竞价期间无人出价，本次拍卖流拍。为什么说网上竞价比较公平？因为法院现在通过司法网拍，确实处置了大量的被扣押的财产。你们可能想象不到，有时候网络拍卖会溢价到什么程度。当时西土城路一块土地的评估价是1.9亿元，你们知道这个拍卖最后成交是多少钱吗？这个拍卖进行了一天一夜，最后以6.47亿元成交。当时看着这个拍卖的过程，确实挺过瘾的。像这种优良的资产、好的地段都是稀缺的，有很多开发商都想要。这块地它还是有一定瑕疵的，登记和实际情况有些不符。即使把这块地买了之后，办手续也得花不少的钱。但就是这么一块地，从1.9亿元叫价到6.47亿元。一开始是7家，叫到晚上就剩3家了，最后只剩2家。这2家就不停地在叫。司法网拍的好处在于大家谁也不知道竞买人是谁。他们之间想要互相沟通一下以此形式交易是不大可能的。司法网拍竞拍人之间是查不到对方任何线索的，只能知道报名参加竞拍的数量。

但是网拍也存在一个问题，就是有人乱叫价。所以要把保证金定得高一些，如果保证金不高，往往有些人就觉得好玩，参与进来凑热闹，导致拍卖失败。这两天我们正在拍卖一块手表，这块手表经法院鉴定部门鉴定之后发现是假的。最后定的评估价是700元。我们挂在网上的价格也是700元，结果最后叫价到4.7万元。这就叫人难以理解，在网上根本看不出来东西的真假，却有人不停地往上加价。我就怀疑他有可能会毁拍，因为这个评估价是 700 元，交保证金只交 70 元。如果有人拍了之后毁约，他就不需要交最后成交价，只需交 70 元保证金，法院能获得的也只有 70 元。但是法律是有规定的，重新拍卖的价款低于原拍卖价款造成的差价、费用损失及原拍卖中的佣金，由原买受人承担。我曾经遇到过毁拍的情况，是拍卖陕西那边的一块地，这块地的地理位置还不错，当时保证金交得比较少，交了 100 万元。而这块地评估了 1300 万元，最后加价加到 2200 万元。买受方买了之后，他就跟我说这个税太高，花 2200 万拍到这块地，光交税就得交将近 1000 万元，而这块地现在的价值与之前相比差 900 万元，他觉得成本不够，就毁约了，这 100 万元保证金他也不要了。第二次我再挂到网上进行拍卖的时候，最终以评估价 1300 万元拍卖出去了。所以我想说，当时第一次拍下的这个人他是不是和第二次成交的人有合作，当时两个人互相叫价，叫到 2200 万元，这是个什么概念呢？就是说他要不往上叫价，2100 万元肯定也有人买。最后他毁拍并交了 100 万元保证金，导致第一次拍卖失败。失败之后，我们进行第二次拍卖，就没人跟着叫价了，直接按 1300 万元评估价拍卖出去了。有没有幕后操作呢？这个情况不好说，法院又没有证据，只能去向第一次拍卖的人追回差价。而且第一次拍下的这个人也很奇怪，他是一个外地人，买完之后就来了一次。就是说保证金交了之后，你再想找他就已经找不着了。所以说在处置财产的时候，现实的情况是很复杂的。

最早的时候，评估拍卖都要经过三次拍卖。新的网拍规定出来之后，拍卖次数由原先的三次改为两次。两次拍卖是有一个降价幅度的。第一次拍卖最高可以降 30%，第二次拍卖可以降 20%。在我们的具体操作中，降价是普遍情况，不降价是例外。如果不降价，需要上报最高人民法院说明原因。降价是为了刺激市场，你的东西放到网上去售卖，就是市场经济，要用市场来达到平衡。司法拍卖一般都是接近于市场价，又低于市场价。现在的情况就是如果司法拍卖高于市场价，没人会买；要是不低于市场价，消费者也觉得买了没什么意义，本身是可以直接到市场上去买，为什么要通过司法拍卖程序？通过司法拍卖购买，就是想买得便宜点。但有时候也有例外。我之前在沈阳处置一套房产，买受人竞拍之后就跟我说这套房子他买得太值了。他在沈阳的时候看好了一个小区，正好这个小区某一单元十层有个业主在网上挂了一套房子卖，售价258万元。随后他交了5万元定金给那个要卖房子的业主。没想到这个业主反悔了，不想卖这套房子了，给他退了10万元违约金。他就觉得那房子那么好，没买着很遗憾。谁想到呢？我们这边正好处置那个小区那个单元的1002号房，一梯两户，处的1002号房正好是他原先想买的那套房子的对面。他正好在网上看到法院拍卖1002号房。我们当时评估完后降价到200万元。可能是受众面没有那么广或者有其他什么原因，他就在网上以200万元把这套房子拍下来了。而且这个1002号房与他原先想买的1001号房户型是一样的。他原先要买的1001号房是258万元，现在花200万元买了1002号房，这就省了58万元。结果他又赶上房市大涨，现在那个房子已经涨到290万元了。我们日常工作遇到这种情况也很巧。虽然他买了，但还有一个问题就是那个原1002号房的业主现在还没搬出来，还在那儿住。本来我是想这周过去把这个房子给他腾出来的。以为这周五可能就跟大家讲不了这个课了，后来正好事情可以推到下周，所以就下周去办。

下面讲一下变卖。变卖是指依市价、评估价等相当的价格，直接将执行标的物出卖给购买者。变卖的适用情形：对查封、扣押、冻结的财产，当事人双方及有关权利人同意变卖的，可以变卖；金银及其制品、当地市场有公开交易价格的动产、易腐烂变质的物品、季节性商品、保管困难或者保管费用过高的物品，人民法院可以决定变卖。变卖是指直接将标的物出卖给购买者。在实际操作中，变卖不是经常用到的。一般的程序是经过一拍、二拍，一拍没有成交，二拍没有成交，之后才会问申请执行人要不要进行变卖。如果进行变卖，也是以二拍的保留价为底数，不再降价了。现在都是司法网拍，所有程序都统一在网上进行。我觉得网上的受众群体肯定是比交易所的受众群体广，如果网上一拍、二拍都拍卖不出去，进行变卖又不再降价，基本也是卖不出去的。

下一个就是以物抵债。以物抵债是指将执行标的物以一定的价格折价抵偿给债权人，以冲抵全部或部分债务。以物抵债的适用情形是，经申请执行人和被执行人同意，且不损害其他债权人合法权益和社会公共利益的，人民法院可以不经拍卖、变卖，直接将被执行人的财产作价交申请执行人抵偿债务。被执行人的财产无法拍卖或者变卖的，经申请执行人同意，且不损害其他债权人合法权益和社会公共利益的，人民法院可以将该项财产作价后交付申请执行人抵偿债务，或者交付申请执行人管理；申请执行人拒绝接收或者管理的，退回被执行人。这条是出自《最高人民法院关于适用〈中华人民共和国民事诉讼法〉的解释》里的。以前很多以物抵债的情形都有损害到其他债权人的利益，因此现在很少出现以物抵债的情况。

下一个讲一下强制管理。强制管理，是指对已被查封、扣押的财产选任管理人进行管理，并以管理所得的收益清偿债务，交付申请执行人。强制管理的适用情形有以下几种：一是被执行人财产不能或不易拍卖、变卖的；二是被执行的财产经法定程序拍卖、变卖未成交，申请执行人不接受抵债，或者依法不能交付其抵债的。现在法院是有规定的，经过一拍、二拍、变卖，如果这个财产仍处置不了，就要询问申请执行人同不同意以物抵债。要是不同意的话，按照法律规定就得将被执行人的财产解封。但是，按照强制管理的规定，可以用管理所得收益清偿债务。法律虽然规定的是经过一拍、二拍、变卖之后，以物抵债，申请执行人不同意以物抵债，就得将被执行人的财产解封，但申请执行人的债权没有得到实现，将被执行人的财产解封是有风险的，而强制管理的出现可以缓解这个风险。

下面讲一下特殊动产的执行。特殊动产的执行主要就是讲机动车和船舶。对于一般的动产，像占有、使用、所有，都是不需要登记的。但是特殊的动产，它是需要登记的。办理查封登记是查封特殊动产的必经程序，未办理查封登记手续的查封行为，不得对抗其他已办理登记手续的查封行为。这个大家都很清楚，就是说不动产，像房产之类的，在执行过程中必须到不动产登记中心去进行登记查封。像车辆，虽然归于动产，但是也得要到登记机关进行登记查封，不能直接贴封条。如果我只给它贴了一张封条，另一个法院是到登记机关进行登记查封的，发生冲突的话，谁的效力强呢？当然是到登记机关去进行登记查封的效力强。

本节课的内容主要是围绕不动产的执行展开的，我最近也看了一些其他关于不动产执行的案例，写得都非常好。而且今后无论是在这个课上也好，还是课下，希望可以跟大家共同探讨一下这方面的内容。我觉得大家将来可以在这些方面加强研究，这些东西还是比较能出成绩的。那今天咱们就讲到，谢谢！

第四讲　其他财产权的执行

之前已经讲了三节课，这是咱们第四节课，给大家简单地回顾一下，第一节课主要针对强制执行的工作给大家简略地做了一个介绍，第二节课讲的是动产的执行，第三节课讲的是不动产的执行，咱们这节课讲一下对其他财产权的执行。其他财产权执行这一块主要涉及银行存款、知识产权、股权、其他投资权益、证券等。这块涉及的专业知识非常多，咱们只能从执行的角度简单地给大家介绍一下。

一、银行存款的执行

先给大家讲一下银行存款的执行，对银行存款的执行相对来说是法院执行中遇到的最普遍的、最简单的、最简洁的执行。法院有专门的执行系统。只要是你名下的动产（如车辆、银行存款等）和不动产（如房屋等）都能通过这个系统查到。但是，并不是随便就可以使用这个系统，必须是有案件才可以，否则，是违反规定的。当时有一个转业过来的人到我们法院做执行，他可能对做执行的风险不太清楚。有些他认识的朋友得知他做执行，就拜托他帮忙查询财产，刚开始碍于面子，他就接受了，去银行、车辆部门、房产部门拿着执行文件查，各个部门看到是法院的文件就很配合，他自己也觉得很方便。之后多次帮人私自查询，有一次收别人钱被发现，违反了规定，丢掉了工作。

我刚才说了，银行存款这一块是执行中最简单的。假如被执行人欠了800万元，通过统查系统发现其账户有1000万元，法院就可以直接执行了，这案子基本就能结了。那么对于银行存款的执行，法院都能采取什么措施？第一个就是查询，人民法院查询被执行人在金融机构存款的，执行人员应当出示本人工作证和执行公务证，并出示协助查询存款通知书。查询实际上是最简单的，现在法院的统查系统可以查询到大部分银行的信息。但是有一些小的银行，或者当事人还掌握着其他财产线索，是需要派人实地去查一下。人民法院依法向金融机构查询或查阅的有关资料，包括被执行人开户存款情况以及会计凭证账户有关对账单等资料，含电脑储存资料，金融机构应当及时如实地提供并加盖印章。人民法院根据需要可抄录、复印、照相，但应当依法保守秘密。法院去银行查询被执行人的流水单，如果说现在要扣划 100 元，账户里面可能就 1 元，这个钱值不值得被冻结？就要看这个账户的流水活不活跃。如果说流水很活跃，被执行人一个月有上百万元的进项，法院就可以把账户冻结，在被执行人不知道的情况下，他有可能会继续往该账户里面存钱。人民法院在查询、冻结被执行人员在金融机构存款的，执行人员应当出示本人工作证和执行公务证，并出具法院冻结裁定书和协助冻结存款通知书，协助冻结存款通知书送达时发生法律效力。

人民法院冻结被执行人的银行存款的期限不得超过一年。申请执行人申请延长期限的，人民法院应当在冻结期限届满前办理续行冻结手续，续行期限不得超过前款规定的期限。人民法院也可以依职权办理续行冻结手续。续冻一定要及时，如果不及时，可能会产生其他问题。

解除冻结被执行人在金融机构存款的，执行人员应当出示本人工作证和执行公务证，并出具解除冻结存款通知书。人民法院在完成冻结手续后，金融机构发现被冻结的户名与账号不符的，可以主动向法院提出存在的问题，但不得自行解冻。对未冻结的资金，人民法院的扣划裁定同时具有冻结的法律效力。以前到银行去扣划，只是一种单纯的扣划，并不会冻结被执行人的账户，现在网上银行操作非常便利，转账到款只需要几分钟，人民法院去银行办理裁定扣划时，系统会直接对被执行人的账户进行冻结。对已冻结的资金，人民法院可以直接裁定扣划，无须出具解除冻结手续，但应当在裁定中载明先前冻结的事实。意思是指之前该账户已经被冻结，人民法院去银行办理时直接可以扣划该账户中的存款。人民法院扣划被执行人在金融机构存款的，执行人员应当出示本人工作证和执行公务证，并出具法院扣划裁定书和协助扣划存款通知书，还应当附生效法律文书副本。人民法院要求金融机构协助冻结、扣划被执行人的存款时，冻结、扣划裁定和协助执行通知书适用留置送达的规定。留置送达和实际送达是具有相同效力的。

金融机构有协助义务，人民法院查询被执行人在金融机构的存款时，金融机构应当立即协助办理查询事宜，不需办理签字手续，对于查询的情况，由经办人签字确认。人民法院冻结、扣划被执行人在金融机构存款的，金融机构应当立即协助执行。对协助执行手续完备拒不协助执行的，按照民事诉讼法的规定，视情节轻重予以罚款、拘留。金融机构擅自解冻被人民法院冻结的款项致冻结款项被转移的，人民法院有权责令其限期追回。在期限内未能追回的，应当裁定该金融机构在转移的款项范围内以自己的财产向申请执行人承担责任。在工作中真有这种情况，法院到银行扣划款项，银行故意拖延时间，最后存款被被执行人转移走，法院有权要求银行将款项追回。

关于存款上优先受偿权的处理。这个优先受偿权就是有权机关、金融机构和第三人对被执行人银行账户中的存款及其他金融资产享有质押权、保证金等优先受偿权的，金融机构应当将所登记的优先受偿权信息在查询结果中载明，执行法院可以采取冻结措施，金融机构反馈查询结果中载明优先受偿权人的，人民法院应在办理后5个工作日内，将采取冻结措施的情况通知优先受偿权人。前两天遇到一个关于旅游保证金执行的案例。被执行的是旅行社，旅行社的银行账户里有几百万元的物流保证金。一般情况下，被执行人账户里有存款可直接扣划，但是银行说最高人民法院有规定，旅游保证金法院不能随意扣划。旅游保证金是专门针对旅游者的，旅游者所有的赔偿都可以用这笔钱偿还。但是最高人民法院规定除赔偿旅游者外，这笔钱不能动，不能采取强制措施，不能强制执行。除非人民法院在执行涉及旅行社的案件时，遇有下列情形而旅行社不承担或无力承担赔偿责任的，可以执行旅行社质量保证金：①旅行社因自身过错未达到合同约定的服务质量标准而造成旅游者的经济权益受损；②旅行社的服务未达到国家或行业规定的标准而造成旅游者的经济权损失；③旅行社破产后造成旅游者预交旅行费损失；④人民法院判决、裁定其他生效法律文书认定的旅行社损害旅游者合法权益的情形。除上述情形之外，不得执行旅行社质量保证金。同时，涉及旅行社经济赔偿问题，不得从旅游行政管理部门行政经费账户上划转行政经费资金。以上就是关于银行存款执行的内容，下一个讲知识产权的执行。

二、知识产权的执行

我再讲讲知识产权的执行。知识产权包括财产权和人身权两部分内容。其中财产权具有可转让性，可以作为民事执行标的。人身权与权利主体的人身不可分离，具有不得转让和不可剥夺的专属性质，不能作为民事执行标的。法院只是执行知识产权中的财产权，人身权执行不了。现在涉及知识产权执行的案件并不多。

对于知识产权的执行，最困难的是知识产权的处置方式。首先，得找一个专业的评估机构评估出它的价值。其次，知识产权对一个单位、一个公司的影响是极大的，在处理过程中要得当。北京现在有一个知识产权人民法院，专门针对知识产权的案子进行处理，可见知识产权的执行难度之大，因为知识产权涉及内容较多，除了要维护双方的利益，还要考虑到经济、社会方面的因素。我简单跟大家讲一个例子，有一个户外运动服装公司叫哥伦比亚运动服装公司（Columbia Sportswear Company），是全球顶级的户外服装品牌。哥伦比亚运动服装公司拥有"Columbia"商标，有一家地方企业是做户外服装的，其注册商标是"Columbia",因其质量和价格方面的优势,在当地市场受到了极大的欢迎,形成自己独有的品牌,消费者认可度很高。后来该公司遭到了哥伦比亚运动服装公司的控告,称其侵犯了哥伦比亚运动服装公司的商标权,在商标上使用与"Columbia"相近似商标,并在商品上标注哥伦比亚产品等信息。经审理,法院判决这家公司商标侵权,并要求其注销商标。很多人可能不理解商标的重要性,单纯的想法就是只要东西质量好,换个商标一样可以,但是并非如此,一是商标注册难度大,二是商标代表的是品牌,如果更换商标,消费者会认为这个品牌公司是不是倒闭了,所以商标对于一个公司而言是极其重要的。

下一个是著作权。著作权分为人身权和财产权。著作人身权包括:发表权、署名权、修改权、保护作品完整权;著作财产权包括:复制权、发行权、出租权、展览权、表演权、放映权、广播权、信息网络传播权等多种权利。其实无论是我刚才说的著作财产权、商标权,还是专利权,对于这块的执行现在确实是挺少的。

三、股权及其他投资权益的执行

下一个我就讲一下股权和其他投资权益的执行。第一点冻结股权和其他投资权益的查询,人民法院对股权、其他投资权益进行冻结或者实体处分前,应当查询权属。人民法院应先通过企业信用信息公示系统查询有关信息,需要进一步获取有关信息的,可以要求工商机关予以协助,执行人员到工商机关查询时,应当出示工作证或者执行公务证,并出具协助查询通知书,协助查询通知书应当载明被查询主体的姓名(名称)、查询内容,并记载执行依据、人民法院经办人员的姓名和电话等内容。股权在执行工作当中起到一个什么作用?什么样的股权有评估价值?什么样的股权没有评估价值?其实像很多公司是持有别的公司的股份,持有股份往往都是认缴而不是实缴,这样单从公司的角度来出具股权的话,意义并不是很大。一般现在能买股权的都是对股权比较了解的。为什么有些股权价格卖得很高?我执行过一个股权,当时评估其价值 6000 万元。这个价值是相对于目标公司的,什么叫目标公司?目标公司是被执行人持有一家公司的股权,而且所占股份达 50% 以上,购买者买到股权后可成为大股东。那个股权最后从 6000 万元涨到了 9000 万元,是因为这个目标公司有一块土地,这块土地的价值被人看中了。其实股权真正能评估价值,让人抢着买都是因为它里面包含实际的资产。所以说股权能不能达到拍卖的效果,还得看这个公司有没有实际的资产,要没有资产的话,都是虚的。关于冻结股权这块,人民法院冻结股权、其他权益时,应当向被执行人及其股权、其他投资权益所在市场主体送达冻结裁定,并要求工商部门协助公示,这句话大家一定要记住。就是说在我们实际操作中,不仅要往工商部门送达冻结裁定,还得给所谓的目标公司送达裁定,否则不能对案涉股权起到冻结效力。

人民法院向被执行人股权、其他投资权益所在市场主体送达冻结裁定时,应当同时送达协助执行通知书,协助执行通知书应当载明市场主体于冻结期限内不得办理被冻结投资权益或股权的转移手续。我有一次去外地的一个民办工厂送冻结裁定以及协助通知书时,整个公司就只有一个门卫在,其余人都去参加老板婚礼了。负责人不在,又不能让门卫签收,我只能在那里多待一天。

人民法院要求协助公示冻结股权、其他投资权益时,执行人员应当出示工作证或者执行公务证,向被冻结股权、其他投资权益所在市场主体登记的工商行政管理机关送达执行裁定书、协助公示信息通知书和协助公示执行信息需求书。协助公示信息通知书应当载明被执行人姓名、执行依据、被冻结的股权、其他投资权益所在市场主体的姓名（名称）、股权、其他投资权益数额、冻结期限、人民法院经办人员的姓名和电话等内容。工商行政管理机关应当在收到通知之后3个工作日内通过企业信用信息公示系统公示。冻结的效力是股权、其他投资权益被冻结的，未经人民法院许可，不得转让，不得设定质押或者其他权利负担。有限责任公司股东的股权被冻结期间，工商行政管理机关不予办理该股东的变更登记，该股东要向公司其他股东转让股权被冻结部分的公司章程备案，以及被冻结部分股权的出质登记。工商行政管理机关在多家法院要求冻结同意股权、其他投资权益的情况下，应当将所有冻结要求全部公示。首先送达协助公示通知书的执行法院的冻结为生效冻结，送达在后的冻结为轮候冻结，有效的冻结解除的，轮候的冻结中送达在先的自动生效。冻结股权、其他投资权益的期限不得超过两年。申请人申请续行冻结的，人民法院应当在本次冻结期限届满3日前按照规定办理。续冻期限不得超过一年，续行冻结没有次数限制。人民法院对被执行人股权、其他投资权益等解除冻结的，应当通知当事人，同时通知工商行政管理机关公示，人民法院通知和工商行政管理机关公示的程序，按照规定办理。

第二点股权的冻结也是比较复杂的事情，因为要准备的材料是非常多的。冻结股权要求被执行人，以及被执行人持有股权的目标公司配合法院。所有的被执行人的市场主体的账目、税收、欠款以及这个公司的实有财产的翔实数据都得上报给公司财务，这个目标公司往往是不太配合的。法院去调取这些材料的时候，目标公司常常以账目不全，或者以丢失、没有这些数据为由拒绝提供。没有这些数据法院是无法进行评估的，遇到这种情况怎么办？根据规定，拿到评估报告后3日内必须得发送给申请执行人、被执行人、市场主体和目标公司。等被执行人拿到评估报告后，如果被执行人觉得这个数据和他想象的差距特别大，他为了证明评估报告的数据是不翔实的，或者是和他实际所拥有的不符，他必须得提供证据去证明他的观点。当他提供证明时肯定就包括他的财务报表一系列的材料。到时候法院可以用到，他也可以用，因为这是他认可的，并且他提供评估报告的时候，法院可以采取强制措施。

接下来讲一下有限责任公司。有限责任公司有一个优先购买权。就是说人民法院依照法律规定的强制执行程序转让股东的股权时，应当通知公司及全体股东，其他股东在同等条件下享有优先购买权。其他股东自人民法院通知之日起满20日不行使优先购买权的，视为放弃优先购买权。股份公司和有限责任公司是有区别的。拍卖股权的时候，有限责任公司的股东是享有一定优先购买权的，而股份公司的股东不享有。这个事情是一定要考虑到的。我们前两天拍卖一个房子，询问了房子承租人的问题，唯独遗漏了优先购买权，因为房屋的共有权人享有优先购买权，所以，在未拍卖之前，我又赶紧问了一下房主的配偶是否购买。

股权之间的转让现在越来越方便了，以前执行的时候必须到工商局去打印文件，然后再到公司去查询股权。现在所有的系统都连接上了，从我们法院的电脑里面看这个公司的档案与该公司在工商局备案的材料是一样的，所以说这个确实省掉了一个步骤。对被执行人在中外合资、合作经营企业中的投资权益和股权，在征得合资或合作他方的同意和对外经济贸易主管机关的批准后，可以对冻结的投资权益或股权予以转让。如果被执行人处在中外合资以外，无其他财产可供执行，其他股东都不同意转让可以直接强制转让股权。就是说对被执行人从有关企业中应得的已到期的股息或红利等收益，人民法院有权裁定禁止被执行人提取和有关企业向被执行人支付，并要求有关企业直接向申请执行人支付。对被执行人预期从有关企业中应得的股息或红利等收益，人民法院可以采取冻结措施，禁止到期后被执行人提取和有关企业向被执行人支付，到期后人民法院可从有关企业中提取，并出具提取收据。擅自处理股权及补贴红利的责任，就是有关企业收到人民法院发出的协助冻结通知书后，擅自向被执行人支付股息或红利，或擅自为被执行人办理已冻结股权的转移手续，造成已转移的财产无法追回的，应当在所支付的股息或红利或转移的股权价值范围内向申请执行人承担责任。

四、证券交易结算资金的执行

讲一下证券交易结算资金的执行。资本证券是指由金融投资或与金融投资有直接联系的活动而产生的证券，持券人对发行人有一定收入的请求权。它包括股票、债券及其衍生品种。这块我们应该说接触比较多的就是股票，其他的在我们的执行中相对来说很少碰到。股权股票这一块，像以前是可以直接去以物抵债的，因为上市公司的股票相对来说价格是明确的。有几个案子都是双方当事人直接达成一致，按股数将股票过户给申请人。现在有了新的规定，以股票抵债的方法不能用了。

再说证券，人民法院可以依法向证券登记结算机构查询客户和证券公司的证券账户、证券交收账户和资金交收已完成清算交收程序的余额、余额变动、开户资料等内容。人民法院可以依法向证券公司查询客户的证券账户和资金账户、证券交收账户和资金交付账户的余额、余额变动、证券及资金流向、开户资料等内容。查询自然人账户的，应当提供自然人姓名、身份证号这些基本流程。证券登记结算机构，应当出具书面查询结果。人民法院冻结被执行人的证券期限不得超过2年，冻结交易结算资金的期限不得超过6个月。申请执行人申请延长冻结期限的，人民法院应当在冻结期限届满前办理续行冻结手续，每次续行冻结期限不得超过前款规定的期限，人民法院也可依职权办理续行冻结手续。就是说不光是依申请还能依职权。

基本的情况就是我上面所讲述的那些,如果你们想要深入了解关于股票、证券方面的执行,我们今后可以再一起深入学习、探讨。

劳动争议在审判实务中的问题分析

主讲人：刘茵（北京市第三中级人民法院民二庭）
时　间：2018 年 10 月 12 日（星期五）13：30~15：00
地　点：博远楼 1 号会议室
举办方：法学院
主持人：法学院副院长　郑文科

劳动争议在审判实务中的问题分析

演讲内容：

今天，我演讲的主题是"劳动争议在审判实务中的问题分析"。在学生阶段，对于劳动争议的案件大家可能接触得比较少，但是在日常生活中，包括在你们将来要从事的工作当中，这个问题存在非常大的争议，而且与个人的切身利益密切相关。为什么这么说？首先，你们现在是研究生二年级，明年就要面临就业的问题。北京生源在选择工作方面限制可能会相对少一些，因为不涉及户口的问题，如果是外地生源，还涉及户口的问题。无论你是入职企业，还是考进国家机关或者事业单位，入职时签订的合同都是与你们个人的切身利益密切相关的。其次，虽然劳动争议原则上是不审查国家机关或事业单位这类公职机构的人员的劳动合同关系，因为它的性质不叫劳动合同纠纷，而是叫人事纠纷，但是实际上，在法院诉讼的过程中，人事纠纷也是通过与劳动争议相类似的路径来解决的。

其实人事纠纷与劳动争议对于很多问题的解决思路、办法和价值取向是相衔接的。劳动合同怎么签？相关权利义务在履职的过程当中如何得到保护？从这家公司离职，跳槽去别的机关、别的机构或别的公司，如何获得自己利益上最大的保证？包括将来法律专业的学生毕业以后可能会选择去一些大的公司或者企业做法务。每一家公司里面的法务人员要具备两项基本技能：一是要解决劳动争议的问题，二是要解决公司法方面的一些权利义务设置的问题，在这两项技能之外可能才会涉及一些投资或者经营合同的问题。所以了解劳动争议案件的相关问题，对于在座的每一个人来说都是非常必要的。而且现在在法院审查的案件中，劳动争议在民事纠纷部分占了非常大的比例，它的发展也是一个不断演化的过程。

早期的《劳动合同法》[1]是2007年正式出台的，在这个《劳动合同法》出台以前，也有劳动管理方面的相关规定，但是现行的涉及劳动争议的《劳动合同法》以及包括相应的实施条例的相关内容，较原来的传统处理思路有很大的变化。其中一个重要的价值取向也是现在争议特别大的问题：《劳动合同法》从某种意义上来说，更为倾向于保护劳动者，一些举证义务和一些管理方面的权利义务，对企业限制得更为死板一些。而且北京经过几次比较大的城乡调整，尤其涉及行政新区疏解首都的非行政功能使得大量的企业和公司从北京市外迁。在外迁过程中，产生了大量的用工问题。因为很多人是北京本地人或者是在北京居住的，从生活的便利性来说，他是不愿意随着企业外迁的，所以劳动争议的案件是法院诉讼当前面临的数量非常大的一类案件。

一、《劳动合同法》的内容简介

我今天所讲的内容是建立在已经对《劳动合同法》非常熟悉、非常了解的前提下，因为其中涉及一些比较疑难复杂的案件的分析。下面先跟大家复习一下《劳动合同法》中的基本内容。

《劳动合同法》总共分为八章。第一章是总则，总则的内容主要是针对什么样的情形属于《劳动合同法》调整的范围。其中，第2条主要涉及的是主体方面的问题，包括中华人民共和国境内的企业、个体经济组织、民办非企业单位等组织。从第2条可以看出，用工主体主要是一些企业和一些个体经济组织。某种意义上个人也是可以成

---

[1]《中华人民共和国劳动合同法》，以下均简称《劳动合同法》。

为用工主体的，如果他在有明确用工资质的情况下，也是可以构成劳动合同关系的一方当事人。原则上来说，国家机关、事业单位和社会团体正式聘用的人员是在编人员，例如，医院的医生、学校的老师、法院的法官等，这些人都不属于《劳动合同法》调整的范围，但是在国家机关、事业单位和社会团体当中，并不是所有的人员都是正式的人事行政在编人员。比如毕业以后你们会涉及留户口的问题，如果你要去医院，也分为正式在编人员和聘用人员，聘用人员也可以是医生，但医生和医生的性质是不一样的。你解决了户口属于人事编制，就叫正式在编人员，如果你跟医院发生矛盾或者纠纷，用的是人事纠纷关系来解决，而不是用《劳动合同法》来进行调整。最高人民法院的相关司法解释里面也明确了这一点，人民法院审理人事争议案件优先适用人事方面的法律规定的原则。但如果涉及一些权利义务的设置，在相关法律规定中没有明确规定的情况下也会参考劳动法的一些规则和原则来进行适用。在国家机关、事业单位和社会团体中，并不是所有的人员均是正式在编人员，也有一些聘用人员，比如外请的医生或者外签劳动合同聘用的医生或者护士，这种情况都是存在的，那么他们与医院形成的关系是劳动关系，签订的也是劳动合同。包括法院会招聘聘任制书记员和一些社会人员，叫事务助理，他们与法院形成的关系也是劳动关系，签订的也是劳动合同。所以国家机关并不是不能够成为劳动合同关系的主体，而是正式在编人员是不受《劳动合同法》调整和保护的。

另外，在总则里面涉及的主体问题，我想讲一下与主体相关的基本的权利和义务。用人单位需要制定劳动规章，保护劳动者基本的劳动权利和义务。要明确制定劳动报酬，就是用人单位与劳动者签订劳动合同的时候，要明确劳动报酬、工作时间、休息时间，还要涉及安全卫生、保险福利以及培训和劳动纪律等。以上都是需要通过明确与劳动者签订劳动合同来制定的。第 4 条里面涉及职工代表大会和职工讨论的问题，许多劳动合同的履行，包括一些劳动纪律的认定和劳动合同的解除都会涉及职工代表大会这个重要的主体。因为有的解除行为没有经过职工代表大会的讨论通过，就可能造成劳动合同解除无效的问题。

劳动争议中最容易引发问题的就是劳动合同的订立和劳动合同的解除。第二章是劳动合同的订立，规定了一些基本原则。包括用人单位从用工之日起就要与劳动者签订劳动合同，大家要明确记住这一点，对自己将来步入职场也是一种保护。你进入某一家单位想要与其建立劳动关系，一定要签订书面协议，如果用人单位不跟你签订书面协议，在一定程度上，你是可以获得未签订书面劳动合同的高额赔偿的。

《劳动合同法》所涉及的权利和义务都会直接影响到你们将来切身的经济利益。有很多高级管理人员在公司工作了很长的时间，一直认为自己与单位形成了稳定的劳动合同关系，但他连一份书面合同都没有与公司签订过，将来在诉讼或者想维护自身权益的时候，可能连最基本的劳动保障都实现不了。所以大家牢记一点：书面合同是用人单位必须跟你签订的一个正式协议。在签订合同过程中会有一些合同义务，《劳动合同法》第 8 条明确谈到了这一点，就是关于在招用劳动者的过程当中，用人单位和劳动者的义务，这是一个双义务。用人单位要明确告知你工作条件、工作内容、工作地点、安全生产状况以及劳动报酬等，让你充分地了解你要从事的工作是什么性质。用人单位一般通过什么方式展示对你尽了告知义务？一般用人单位在你入职的时候会跟你签订一份正式的合同，但其同时还会向你发一些单位的告知书。比如有哪些劳动纪律或者工作性质。大家在签订劳动合同的时候，一定要充分地审查合同中关于自己的劳动权利和义务。包括将来这个岗位不适合，需要调整岗位的时候，是不是要尊重你的个人意见等。一旦将来你跟你所在的用工主体发生矛盾或者冲突，这些权利和义务的设置都会严重地影响到你的权利。其中就包括了用工的内容、用工的条件、用工的地点、职业危害和安全生产状况等。

在要求用人单位向劳动者履行告知义务的同时，也对劳动者进行了严格的要求。作为劳动者，也要如实陈述自己的基本情况，包括年龄、出生地、资质、所获得的毕业证、许可证等。作为研究生将来去应聘的时候，你要清楚招聘单位的条件，例如，英语方面是不是对你有特殊的要求，婚姻状况方面有什么要求，以及是否需要获得一些资格证书等。如果在入职之前你向用人单位作了虚假陈述，有可能会影响将来你签订劳动合同以后后续的权利和义务的履行。

《劳动合同法》的第 10 条关于签订劳动合同有一个明确的规定，就是应当自用工之日起一个月内订立书面劳动合同。如果超过一个月，用人单位还未与你签订劳动合同，意味着你可以按照你的工资报酬标准向用人单位索要双倍的工资赔偿，这也是法律用来限制用人单位必须与劳动者及时签订劳动合同的一个办法。但是如果用人单位已经跟劳动者谈好了用工条件，劳动者认为不签还可以获得高额的报酬而拒绝签订劳动合同的，就不存在反向追索双倍劳动报酬的问题了。所以也并不是说劳动者只要不签订劳动合同，就随时可以要求单位双倍赔偿。法律也设定了用人单位需通知劳动者签订劳动合同，若劳动者不及时签或者不按约定或承诺好的条件而拒绝签的情况下，用人单位也是可以解除劳动合同的。所以我们的法律规定实际上是一把双刃剑，在要求一方承担某种义务的时候，一定会对另外一方也有相应的限制和制约。

下面我们说一下劳动合同的分类，劳动合同大概分为三种：固定期限的、无固定期限的、完成一定工作任务为期限的劳动合同。前两种在劳动合同中相对来说是比较常见的，固定期限劳动合同是指劳动者与用人单位之间明确约定合同终止时间的劳动合同，比如一下签3年或者5年的劳动合同。但是达到一定条件的情况下，用人单位就必须要与劳动者签订无固定期限劳动合同，就是说原则上只能劳动者主动离职，否则除劳动者违反了法律明确规定的相关条件外，用人单位是不能够辞退劳动者的。

首先，我们说一下固定期限劳动合同。新入职的员工与公司一般只能签订固定期限劳动合同，但连续签订两次以上固定期限劳动合同后再续签的情况下，除非符合法律设置的不具备签订无固定期限劳动合同的相关条件，或者说劳动者明确拒绝签订的情形，否则用人单位和劳动者之间就只能签订无固定期限劳动合同，也就是没有终止时间。但是对于这一类劳动合同，劳动者是可以拒绝继续履行的，如果劳动者与用人单位签订了无固定期限劳动合同，但劳动者觉得用人单位现在提供的用工条件或者工资报酬待遇不符合期待，是可以辞职更换单位的。无固定期限劳动合同对于劳动者是一种保障，当劳动者想离职的时候相对来说非常容易，而用人单位则不能随意辞退劳动者。

日常生活中有一个常见的现象，就是劳动者在单位工作期间与自己的上级发生了矛盾。这个企业是一家民营企业，老板说："我不喜欢你这个员工，我让你走"，行不行？这是不行的。不是用人单位想让员工离职就能辞退员工的，用人单位要想与劳动者解除劳动合同关系，必须得符合法律规定的条件才行。除非劳动者有明显的违反劳动纪律，无故旷工或者给单位造成损失经劝阻以后还给单位带来重大损失等行为，否则用人单位是不能够凭自己的想法让劳动者离职的。

其次，我们说一下无固定期限劳动合同。签订无固定期限劳动合同需要满足以下几个条件：一是劳动者在该用人单位连续工作满10年的；二是用人单位初次实行劳动合同制度或者国有企业改制重新订立劳动合同时,劳动者在该用人单位连续工作满10年且距法定退休年龄不足10年的;三是最常见的就是刚才我提到的连续订立两次固定期限劳动合同,且劳动者没有《劳动合同法》第39条和第40条第1项、第2项规定的情形,续订劳动合同的。大家可以看一下,如果劳动者存在《劳动合同法》第39条规定的这些情形,用人单位是可以解除劳动合同的,比如第1项、第2项、第3项中试用期不符合录用条件的,严重违反用人单位的规章制度的,严重营私舞弊或者失职的,还有第4项,劳动者存在双重劳动关系的,比如劳动者和一家用人单位签订劳动合同,同时又和另外一家单位建立劳动关系,甚至这两家单位之间可能存在竞争,在这种情况下用人单位提出劳动者必须跟其他的单位解除劳动合同关系,拒不执行的,用人单位是可以与劳动者解除劳动合同的。《劳动合同法》第40条是劳动者因患病、工伤等情形,不能胜任工作的或所依据的客观情况发生重大变化的,这些都是关于用人单位解除劳动合同的一些条件。因此,所谓的签订无固定期限劳动合同是具备一些条件的,不是随意签订的。无固定期限劳动合同最大化地保护了劳动者的利益,常年在一家单位工作,最后一般签订的都是无固定期限劳动合同。

最后,我们说一下以完成一定工作任务为期限的劳动合同。这个原则上只要工作任务完成,双方劳动关系也就自动终止了,更类似于劳务合同,但是大家一定要注意区分,劳动和劳务虽然都是一家单位请一个人工作,但是待遇是完全不一样的。劳务是不会有任何缴纳社保、提供加班费等这些福利待遇的。劳动法对劳动者的保护涉及的内容是非常多的。举个例子,我现在站在这里讲课是一份工作,我是老板,你是员工,那么你跟我签订劳动合同,工作时间就是听我讲两堂课。如果我多讲了一堂课,就应该算是加班,是需要给你加班费的,如果节假日我把你们叫来上课,那显然是不行的,是需要支付你们三倍的劳动报酬的,所以《劳动合同法》每一项都是与劳动者自身利益切实相关的。以上就是关于劳动合同种类的问题。

在签订劳动合同的过程中还有一个相对重要的条款,就是劳动报酬和劳动标准。在最初签订劳动合同时,用人单位与劳动者约定的只是一个报酬数,在后期实际履行的过程当中,有可能会调整工资,这样后期的工资待遇和最初签订劳动合同的工资待遇标准就会不一样。我们遇到过特别多这种情形,比如有的企业在与你签订的劳动合同上标明工资一个月2万元或者3万元,但在实际发放的过程中,有可能不完全是按照合同履行的。企业可能前期效益不太好,每个月就只给你发1万元,到了后期年底福利待遇好,每个月给你发5万元或者6万元。所以劳动报酬在劳动合同争议中也是最容易引起纠纷的。再加上涉及社会保险与纳税等情况,你拿到手的数额往往是与你签订的劳动合同的数额不完全一致的。在司法裁判的过程当中,很多劳动者会以用人单位没有按照签订的劳动合同或者承诺的劳动报酬的标准发放工资为由解除劳动合同。这种解除事由,使得劳动者不仅可以离开自己不想继续工作的单位,而且还能够从用人单位获得非常高额的违法解除合同的赔偿金或者补偿金,对于劳动者来说是非常有力的一种保护。但是在判断劳动报酬标准的时候,要根据用人单位具体给劳动者发放的情况,以及与劳动者同样岗位或同等待遇的其他劳动者的待遇标准来进行判断。

在劳动合同订立中,还有一个重要的内容就是关于试用期的问题。《劳动合同法》第19条第1款对试用期进行了明确的规定:"劳动合同期限三个月以上不满一年的,试用期不得超过一个月;劳动合同期限一年以上不满三年的,试用期不得超过二个月;三年以上固定期限和无固定期限的劳动合同,试用期不得超过六个月。"平时大家可能不会注意到试用期的问题,但实际上你们将来在从事工作的过程中，试用期是关乎你们的经济利益的。因为试用期有几个问题：

第一，试用期的工资待遇和各种标准相对于劳动者来说可能是低的，不可能达到你正常在这家用人单位的标准，在试用期期间劳动保障也是不够完善的。而且在试用期内如果你不满足试用条件，用人单位也是有可能跟你解除劳动合同的。如果试用期规定的时间过长，对于劳动者来说是非常不利的。所以《劳动合同法》明确规定，如果你签订的劳动合同期限较短，试用期就不能过长。以我的亲身经历为例，我当初刚到法院工作的时候，在正式转正之前试用期是一年。若完全按照《劳动合同法》来履行，这是完全不符合法律规定的。但是我们属于政府机构的编制人员，是不需要按照《劳动合同法》来履行的。

第二，试用期限的问题，就最长的期限原则上来说，3年以上的固定期限和无固定期限劳动合同，试用期也不能超过6个月，也就是半年时间。而且大家要牢记一点：对于用人单位和劳动者之间原则上只能约定一次试用期。我原来遇到过延长试用期的案子：当事人入职单位以后就怀孕了，考勤等各方面都没有令单位特别满意。在她试用期快结束时，用人单位给她发了一个通知，大概内容是说该公司对她考勤方面的表现不是特别满意，不能说她合格，也不能说不合格，所以用人单位决定延长她的试用期，再加3个月。如果在这3个月里面她表现得好，那就留下她。这个当事人也在延长试用期的通知书上签字确认了。但最后这个单位还是在这一次的试用期到期后，把她辞退了。然后劳动者起诉到法院，认为单位是有问题的，对其进行了二次试用，单位则认为自己是合法的，没有二次试用。而且对于延长试用期，是通知过劳动者的并且得到了其本人的确认。最后这个案子的结果是法院认定用人单位其实是给了劳动者两次试用期，所以该用人单位在非试用期内以劳动者不符合适用条件解除劳动关系是违法的。最终劳动者从这家用人单位获得了高额的离职赔偿。所以大家记住一点，所谓只能使用一次试用期，是指用人单位不能通过任何变相的方式增加或者延长试用的期限。

第三，违约金的问题。法律上是不允许用人单位与劳动者在签订的劳动合同当中约定，基于劳动者的某些履行劳动合同的行为向其收取违约金的，只有以下两种情形会涉及收取违约金的问题。第一种是用人单位为劳动者提供专项培训费用，对其进行专业技术培训的，可以与该劳动者订立协议，约定服务期，劳动者违反服务期约定的，应当按照约定向用人单位支付违约金。例如，飞行员离职。飞行员是一种稀缺资源，培养一名飞行员付出的成本非常高。一所学校要培养一名飞行员，从他入校一直到毕业，包括后期试飞等，整体下来需要花费上百万元。在这种情况下，用人单位一般都会与飞行员约定服务期。还有医生，要想掌握某一项专项技能，医院可能需要支付一定的费用送其去国外或者去专门的地方进行相应的培训，这时医院会与医生约定服务期。如果劳动者违反服务期的约定，用人单位是可以向劳动者收取违约金的。但是违约金的数额是有一定限制的，不能超过用人单位提供的相应的培训费用。而且违约金的数额，应该根据劳动者在用人单位服务期限的基础上进行赔偿。例如，劳动者与用人单位签订服务期为10年，在工作满5年后，劳动者想与用人单位解除劳动合同，前5年用人单位为劳动者花费了50万元的培训费用，那么现在劳动者离职需支付用人单位25万元的违约金。

第二种是用人单位与劳动者可以在劳动合同中约定保守用人单位的商业秘密和与知识产权相关的保密事项，劳动者违反竞业限制约定的，应当按照约定向用人单位支付违约金。也就是说如果劳动者从事的是互联网或者高科技的行业，里面涉及一些商业秘密或者与知识产权相关的内容，用人单位怕劳动者泄密给公司造成损失，所以在劳动合同中，会跟劳动者签订保密协议，在这个过程中就会约定竞业限制条款。所谓竞业限制，就是说例如你在"奇虎360"公司工作，你离职以后，2年之内是不能够从事同性质的其他网络公司的同类型的工作。法律规定用人单位要对某些行业人员进行竞业限制，意味着这些行业的人员在择业方面可能会遭受相应的损失，以及待遇或者某些方面会受影响，所以用人单位会给予竞业限制人员一定的经济补偿。竞业限制人员在离开原单位5年之内不能从事同性质的工作，那么对应的这5年时间原单位会每个月给该人员一定的经济补偿。如果竞业限制人员在拿到补偿款的情况下又去从事了竞业限制不允许从事的行业，是要向原单位支付违约金的。综上，《劳动合同法》中用人单位有可能会向劳动者收取相应的违约金的情形主要包括违反服务期约定和违反竞业限制约定。大家需要注意的是这是违约金而不是损失赔偿。违约金是指合同当中有明确约定的，违反约定才需要向对方支付。

第三章主要涉及劳动合同的履行和变更的问题。但凡在劳动合同履行的过程当中，给用人单位设置的相关义务，用人单位履行不到位的情况下，劳动者均可以以劳动合同履行当中的这些相关事由提出解除劳动合同的要求。

劳动合同解除时进行的赔偿分为两种，一种是双方协商一致或者劳动者单方提出的情况下，劳动者所获得的，一般称为经济补偿金。另一种是用人单位违法解除劳动合同，劳动者获得的，一般称为经济赔偿金。一字之差，却相差双倍的数额。例如，劳动者主动从单位离职可以获得5万元的补偿，即经济补偿金。但是如果是单位违法解除劳动合同的，劳动者就可以获得10万元的赔偿，即经济赔偿金。所以在劳动合同的解除过程中，用人单位主动辞退你，和你主动离职的后果是完全不一样的。单位辞退你，你拿到的有可能是双倍的赔偿，你自己主动提出离职的，有可能没有任何补偿，也有可能拿到单倍的补偿。

用人单位的相关权利和义务，包括按时支付劳动报酬，不允许强迫劳动者加班。如果用人单位安排加班，按照法律的规定，一天正常工作8小时，一天工作超过8小时，原则上来说就超时的部分是要支付双倍工资的。如果是法定节假日，比如说国庆节、劳动节、春节等，用人单位需要支付劳动者三倍的加班工资。正常的法定工作时间应该是一周5天的工作日，每天是8小时，一周应该是40小时。按照综合计算工时制的方法，就是说无论你这一天工作多长时间，一周之内不能够超过40小时或者是44小时。如果超过一天8小时或者是一周44小时的劳动时间，原则上你就能够获得相应的额外补偿。但在很多外企或者在很多单位里面，加班是拿不到额外工资的。因为很多外企加班，并不是单纯地说你的工作时间超标了，就能够构成加班的。理论上所谓的加班必须是单位明确强制要求你加班才能构成加班，很多外企加班是需要特殊申请的，如果你没有申请，自愿留下来加班，这种行为是拿不到任何额外的补偿或者报酬的。只有在用人单位明确要求你加班的情况下，才可以获得加班费用。

《劳动合同法》第31条是关于加班的问题，还有用人单位对于劳动者基本的保护问题，比如涉及人身或健康安全等问题；第34条是关于一些用工主体自身可能会发生的合并分立或者解散等情况。有些企业，甚至有一些自己的关联企业，劳动者可能会从某一家自身企业跳槽到另外一家关联企业。在这种情况下，劳动合同和劳动保障方面的条件是继续有效的，这在审判实务当中也是非常常见的一种情况。例如，一个劳动者在一家用人单位工作的时间越长，要与该劳动者解除劳动关系，单位所要支付的补偿标准就越高。大家牢牢记住，所有的经济补偿一定是与你工作的时间长短密切相关的。如果你在这家单位工作了10年或者20年,每一年是补偿一个月的工资,经济补偿最简单的标准就是一年补一个月工资,那么20年就是20个月的工资。所以对劳动者的工龄是否连续计算会严重影响到劳动者将来补偿的计算。如果是属于关联单位发生分立或者合并原劳动合同继续有效的情况下,在最终计算劳动者的相关经济补偿时,劳动者是可以享受连续计算工龄的相关福利的。

第四章主要涉及劳动合同的解除和终止的问题,这也是现在劳动争议当中出现最多的一种情形。劳动合同的解除和终止主要分为以下几种情形:第一种也是最简单的一种,就是用人单位和劳动者协商一致。但大部分发生争议的案件,用人单位和劳动者对于劳动合同关系的解除是不可能形成一致意见的。一定是个人对单位不满意或者单位对个人不满意才会引发劳动合同解除的问题,所以很难形成用人单位和劳动者协商一致解除劳动合同的情形。从维护个人权益角度上说,如果将来你想从你的单位离职,尤其是用人单位提出来要跟你解除劳动合同关系的情况下,不要轻易地与用人单位签署所谓的协商一致解除的合同或意见书,因为一旦签订,你所获得的补偿或者其他相关福利都会降低很多。

第二种是指劳动者主动解除的情形。如果劳动者对于在这个单位继续从事相关工作感到不满意的,可以提前30日以书面形式通知用人单位。劳动法赋予了劳动者随时解除劳动合同的权利,只要你不想在这工作,你是自由的,想离开这家单位就可以离开,只不过需要提前30日通知用人单位,如果不提前30日通知,有可能涉及赔偿金的问题。不过在试用期内劳动者提前3日通知用人单位就可以解除劳动合同。《劳动合同法》第38条规定的用人单位有下列情形之一的,劳动者可以解除劳动合同:①未按照劳动合同约定提供劳动保护或者劳动条件的;②未及时足额支付劳动报酬的;③未依法为劳动者缴纳社会保险费的;④用人单位的规章制度违反法律、法规的规定,损害劳动者权益的;⑤劳动合同无效的;⑥其他情形。其中,大家千万不要忽视社会保险的问题。你退休之后所有的福利待遇包括你的医保很多方面都是与你社保缴纳情况密切相关的。中间一旦断档或者没有按期续缴社保,就会严重地影响到养老、医保等各方面的福利待遇。

昨天我们刚开庭审理了一个案子,这个案子也非常有意思。案件是一个历史遗留问题,当事人1993年在一家农场工作,1995年离开了这个农场。当时他是属于全民所有制企业的员工,他离开农场之后做生意去了,但是没有办理人事档案关系的调档。在这里要提一下人事档案的问题,如果你要从一家单位辞职,一定要及时地转移个人档案并且缴纳社保,否则将来养老保险和医保都会产生问题。这个当事人1995年离开农场时,并没有缴纳社保和养老保险的意识。因此他从农场离职以后,一直没有迁走他的档案关系,也一直没有缴纳社会保险,现在他想补缴都补不了,也就意味着他已经处于一种"老无所依"的状态。他现在起诉农场,认为农场没及时地把他的档案迁出,造成了他的社会保险不能及时缴纳。这种情形法院也是无能为力的。因为对于劳动者的社保缴纳和人事关系,原则上法院是不管也不审查,社保缴纳是属于行政部门的相关行政监管方面管理的。当事人现在能不能够续缴社保,完全要根据行政机关的相关管理规定。但是这一点反映出社会保险的缴纳在现代社会已经成为一个非常重要的问题。而且在认定劳动者与某一家单位之间是否存在劳动关系时,在这家单位缴纳社保是一个非常重要的判断标准。

在实践中,能够遇到很多确认劳动关系的案子,如果当事人没有劳动合同,怎么证明自己与单位之间存在劳动关系?其中一项重要的举证原则就是社会保险的缴纳。如果这家单位持续地给劳动者缴纳社会保险,从某种意义上来说,就能够从侧面印证用人单位与劳动者之间存在劳动关系的可能性。所以即使用人单位正常给劳动者发放工资并且也没有损害劳动者个人权益，唯独不给劳动者按时缴纳社会保险或者公积金的，劳动者也是可以提出解除劳动合同的。

在司法实践中，还会遇到一种情况：有的从外地来北京务工的人员认为缴纳社会保险没有什么实际意义。同时某些用人单位也会与这类人员协商，不交社保，多发工资，其实发的钱的数量达不到社保缴纳的标准。比如正常一个月应该缴纳1600元的社会保险费，而用人单位与劳动者协商每月给其1000元让其自己去缴纳社会保险费，至于缴纳与否，看劳动者个人。一般双方会签订书面证明，确认劳动者从单位领取了相关费用解决社保问题。在这种情况下，如果劳动者之后提出来，用人单位没有为其缴纳社会保险存在违法情形，要求解除劳动合同关系的，是会获得支持的。在20世纪90年代，劳动者跟用人单位之间形成这种约定的现象是非常普遍的，但这并不是合法的。社保缴纳是法律规定的，是单位必须履行的一个义务。即使劳动者和用人单位之间存在协议的约定，相关费用给了劳动者，也不代表单位就不需要承担相应缴纳社保的义务。如果不缴纳，社保机构也会对该单位依法进行相应的处罚，而且会追缴他相应的社保缴纳费用。以上是劳动者可以解除劳动合同的情形。

下面是关于哪些情况下，用人单位可以合法解除劳动合同。主要是以下几项：①在试用期间被证明不符合录用条件的；②严重违反用人单位的规章制度的；③严重失职，营私舞弊，给用人单位造成重大损害的；④劳动者同时与其他用人单位建立劳动关系，对完成本单位的工作任务造成严重影响，或者经用人单位提出，拒不改正的；⑤因《劳动合同法》第26条第1款第1项规定的情形致使劳动合同无效的；⑥被依法追究刑事责任的。也就是说劳动者只有符合以上六项中的一项，用人单位才能够合法解除劳动合同。合法解除是指用人单位不用向劳动者支付任何赔偿或者补偿,主要是基于劳动者的一些失职或者违法的行为,而且这里面比较常用的往往是第2项或者第3项,因为一般的单位在管理劳动者的过程当中,很少有劳动者会在跟本单位订立劳动合同关系的同时,另行去建立其他劳动关系。而要证明劳动者在试用期不符合录用条件的,除非在录用的时候条款约定非常明确,比如条件要求劳动者必须具备律师执业资格证,但实际上劳动者是没有的,劳动者向用人单位陈述了一个虚假的情况,事后如果用人单位发现了,是可以解除劳动合同的。有非常明确的录用条件才有可能被限制,如果在试用期中,用人单位只是觉得对劳动者不是特别满意,认为劳动者不是特别勤快,或者不是很听话,在这些情形下是不能认为劳动者是不符合录用条件的。我们国家劳动法对于劳动者保护相对强势一些,对于用人单位想要与劳动者解除用工关系时,不仅需要证明劳动者违反了相关规定,而且还要证明这些规定是对外公示的,劳动者是明确知情或者认可的。在实际履行劳动合同的过程当中,很多用人单位觉得不满意和不好管理的行为,是很难在劳动合同当中进行非常详细的列举的。同时,如果劳动合同当中或者相关劳动纪律当中设置的条件不明确,将来用人单位要想与劳动者解除劳动合同就非常困难。

简单地跟大家说个例子,现在用人单位要想跟一个劳动者解除劳动关系是非常困难的,除非劳动者确实不想在这家单位继续工作或者对工作不满意。如果用人单位想要单方面与劳动者解除劳动合同,对用人单位的举证义务要求非常高。比如用人单位要认定劳动者违反规章制度,首先,要证明劳动者有违反规章制度的情形;其次,要证明明确地有这项规章制度;再其次,还要证明这项规章制度是经过民主大会或者是工会整体讨论通过的,是经过公示并且劳动者对其明确知情的;最后,这项规章制度还不能存在明显违反法律设定的诸多情节。所以现在关于劳动争议的案子，判决用人单位违法解除劳动合同的非常多，劳动者从单位离职拿不到赔偿金的情形很少。

下面也是用人单位合法解除劳动合同的情形，但是必须提前30日通知，并且符合下面相关条件，还要支付相应的工资才能够解除。主要包括三种情形：第一种情形是劳动者患病或者非因工负伤，在规定的医疗期满后不能从事原工作，也不能从事由用人单位另行安排的工作的。大家注意一下，是医疗期满以后不能从事原工作，也不能从事由用人单位另行安排的工作的。患病而且是非因工伤，大家要知道工伤的情形在劳动法里面的保护是非常强的，比如残疾达到一定的程度，用人单位是根本不可能与劳动者解除劳动关系的，而这里主要提到的是关于非工伤和患病的情形。关于医疗期的问题，医疗期在司法审判过程中，原则上是需要由专业机构来进行鉴定的。比如当事人患有肺病或者发生骨折是有伤残评残的，这种情况下，会邀请一个专业机构进行鉴定，并评估出大概需要几个月的医疗期。医疗期满以后，用人单位需要跟劳动者协商是否愿意继续从事原来的工作。比如一个劳动者是生产流水线上的一名配件装卸工人，如果他腰受伤了，他肯定不能长时间站立，那他就不能再从事这个工作了，这时用人单位就需要给劳动者更换岗位。用人单位不能随意地给劳动者更换岗位，必须与劳动者进行协商征得劳动者的同意。

第二种情形是劳动者不能胜任工作，经过培训或者调整工作岗位，仍不能胜任工作的。这是一个法律设置的条件。但是在实践操作的过程中，用人单位很难举证证明劳动者是否胜任某一项工作。举个很简单的例子，我在这里讲课，我能否胜任教师这个工作，是有一个评判标准的，如果评判标准不客观，就没办法进行量化处理，就会造成在司法裁判的过程中，法官无从判断这个条件成就不成就。对于用人单位来说，其也很难举证证明这个条件成就不成就。

第三种情形是劳动合同订立时所依据的客观情况发生重大变化，致使劳动合同无法继续履行，经用人单位与劳动者协商，未能就劳动合同变更内容达成协议的。这一项解除事由目前在北京的很多企业里经常见到，北京现在很多企业解除劳动合同都是大批量解除的。因为这些企业涉及异地搬迁的问题，比如通州区很多企业在进行外迁的过程中，当地的劳动者是不能够随着这些企业一起外迁的。在这种情况下，很多企业认为政策调整了，企业被要求进行异地搬迁，这属于是客观情况发生重大变化，造成劳动合同无法履行。但是在这种情况下，法律同时还要求用人单位与劳动者协商，未能就变更劳动合同内容达成协议的情况下，才有可能采用提前30日通知劳动者并支付一个月工资的方式来解除劳动合同。关于所谓客观情况发生重大变化，这一点造成劳动合同无法继续履行，是指相对来说不可抗力的情形，而非企业基于自身经营或者价值判断做出调整的。很多企业在经营的过程中，比如有的企业上半年在天津经营效益特别好，但是到了下半年客户减少、经营状况不好，企业想要裁撤掉一些部门，或者想要对天津的工厂进行关闭和搬迁。在这种情况下算不算客观情况发生重大变化，致使合同无法履行呢？关于这个问题我们可以看一下《劳动合同法》第40条的规定，劳动合同订立时所依据的客观情况发生重大变化，致使劳动合同无法履行，经用人单位与劳动者协商，未能就变更劳动合同内容达成协议的，用人单位提前30日以书面形式通知劳动者本人或者额外支付劳动者一个月工资后，可以解除劳动合同。在司法裁量的过程当中，法院在审查这类案件的时候，必须构成不可抗力或者政策发生重大变化的才能够成为客观情况发生重大变化的情形。那么基于经营或者企业自身营利性的需要做的内部政策性的调整行为是不符合法定的相关事由的。所以在认定构成客观情况发生重大变化，致使劳动合同无法继续履行的这一点上是非常严格的。不是企业认为经营状态不好了，想关闭就能关闭的，企业任意的关闭是会带来后果的。如果企业违法解除劳动合同关系，企业就必须要向离职的劳动者支付高额的赔偿款；如果属于不可抗力的情形，确实不是企业自身的原因所致，比如像北京疏解相关企业，需要进行政策性调整，企业迫不得已必须按照政策外迁的，同时企业也与所有的劳动者进行了协商，在经过协商后，劳动者拒绝接受，无法就新的劳动合同达成一致的情况下，可以认定企业属于不可抗力的情形。而对于因企业自身的原因解除劳动合同，这种情况下企业就需要对劳动者进行赔偿。

如果企业基于自身经营状况发生重大改变的情况下，关闭企业并解除与劳动者的劳动合同关系，这种情况下需不需要进行高额的赔偿？一般面临高额赔偿的企业，其员工数量是庞大的，并且企业一旦关闭，比如外资企业或其他大型企业，会尽量淘汰高工资的员工，而吸收工资比较低的新员工进来，这样用人成本就会降低。所以"客观情况发生重大变化"这一点，如果法院认定条件非常宽松，用人单位就无须支付高额的补偿或者报酬，就可以把工资高的员工从公司清退。但是法院是不会给企业提供这样的帮助以及助长这种行为的。最高人民法院对于所谓的"不可抗力"或者"客观情况发生重大变化"是有要求的，不是法院想认定客观情况构成重大变化，或者构成不可抗力就可以的，必须上报最高人民法院审批，必须符合最高人民法院所规定的要求。以上就是劳动者解除劳动合同的方式和用人单位解除劳动合同的方式。

下面是关于用人单位不能解除劳动关系的情形。《劳动合同法》第42条对用人单位不能解除劳动合同的情形进行了规定。第39条规定劳动者在有重大过错的情况下，用人单位可以依法解除劳动合同。第40条和第41条规定了一些所谓的客观条件，满足以后，单位可以履行一定的程序与劳动者解除劳动合同。第42条是在劳动者没有犯严重的错误或者没有严重地违反相关规定的情况下，用人单位是不可以解除劳动合同的。在一些情况下，即使满足了条件、满足了程序，用人单位也不能基于第 40 条和第 41 条解除劳动合同：一是职业病劳动者，从事接触职业病危害作业的劳动者未进行离岗前职业健康检查，或者疑似职业病病人在诊断或者医学观察期间的；二是被认定为在本单位患职业病或者因工负伤并被确认丧失或者部分丧失劳动能力的；三是患病或者非因工负伤，在规定的医疗期内的；四是女职工在孕期、产期、哺乳期的；五是在本单位连续工作满 15 年，且距法定退休年龄不足 5 年的；六是法律、行政法规规定的其他情形。需要注意的是，这个不能解除是建立在劳动者本身不存在重大过错的前提下，如果劳动者违反了单位的用工纪律或者相关管理规定，即使劳动者符合以上条件，用人单位也可以基于第 39 条解除劳动合同关系。上述的这六项情形都是不能够在单位认为符合了法律设定的第 40 条和第 41 条的情况下，通过程序解除劳动合同的。

下面是关于劳动合同解除当中涉及的经济补偿问题。即劳动者与用人单位解除劳动合同能够得到相关补偿的问题。《劳动合同法》第 46 条对经济补偿进行了规定，第 1 项是依照第 38 条解除劳动合同的情形，第 38 条是劳动者认为用人单位存在不发放工资、不缴纳社会保险等行为，认为用人单位的规章制度违反法律、法规的规定，损害劳动者权益的情形的，劳动者可以主动提出解除劳动合同，这种情况下用人单位也要向劳动者支付经济补偿金；第 2 项是协商一致提出解除劳动合同的；第 3 项和第 4 项是用人单位如果依照本法第 40 条和第 41 条解除劳动合同，一个是裁员，另一个是非工伤或者是不能胜任岗位的情况，不满足解除劳动合同的情形；第 5 项是除用人单位维持或者提高劳动合同约定条件续订劳动合同，劳动者不同意续订的情形，依照第 44 条的规定，终止固定期限劳动合同的；等等，这些情况下如果要解除劳动合同，用人单位是要向劳动者支付相应经济补偿的。

《劳动合同法》第47条规定的是经济补偿的计算问题。经济补偿按劳动者在本单位工作的年限，每满一年支付一个月工资的标准向劳动者支付，六个月以上不满一年的，按一年计算，不满六个月的，按半个月的工资计算。还有另外一种情形，劳动者月工资高于用人单位所在直辖市、设区的市级人民政府公布的本地区上年度职工月平均工资三倍的，向其支付经济补偿的标准按职工月平均工资三倍的数额支付，向其支付经济补偿的年限最高不超过十二年。

《劳动合同法》第48条也是在劳动争议审查过程中特别常见的一个问题，就是关于用人单位违法解除劳动合同或者终止劳动合同的法律后果。一般情况下用人单位如果想违法解除劳动合同，劳动者往往都会要求继续履行劳动合同。一旦认定了是违法解除，只要劳动者要求继续履行合同的，法院是必须支持继续履行的。这种情况下给劳动者带来的好处是如果用人单位与劳动者产生矛盾，劳动者虽然不想在这家单位继续工作，但是只要其认定属于违法解除劳动合同，即使不上班，劳动者请求继续履行劳动合同的情况下，还可以继续要求用人单位每个月向其发放工资。这样就有可能会发生劳动者不用上班，用人单位一天不恢复劳动者的岗位，劳动者就可以继续向用人单位要一天工资的情形。

我以前审理过一个案子，当事人的月工资是10万元左右，这家公司想要提前两年与他解除劳动合同关系。当事人通过诉讼确认了这家公司是违法解除劳动合同，但是这个公司坚持不允许他再回去上班了。这个劳动者一直坚持要求继续履行劳动合同，法院也支持了。劳动者起诉这家公司索要300多万元的工资，法院也支持了。在这期间，劳动者从未回去上过班。还有一点是，劳动者不要求继续履行劳动合同或者劳动合同已经不能继续履行的，用人单位是要支付相应的违法解除劳动合同的赔偿金的。

《劳动合同法》第 50 条是关于办理档案和社会保险转移。现在这个问题在劳动争议中出现得也非常多。有很多人因为未及时办理档案转移或社保关系转移,造成后期社保无法缴纳的情况。如果说已经查证或者确认属实了,是完全由于用人单位不及时办理转移造成损失的,法院也是可以就不及时办理转移的相关损失情况要求用人单位补偿。另外,法律还明确规定了用人单位对已经解除或者终止的劳动合同的文本,至少保存两年备查。

二、劳动合同的订立

下面我们就结合《劳动合同法》的相关规定,讲一讲劳动合同在订立的过程中遇到的一些疑难问题。首要问题就是关于劳动合同的订立,劳动者如果在应聘的过程中未如实履行说明义务,是否构成欺诈?是否影响劳动合同的效力认定?用人单位在招聘劳动者时,一般都是在双方信息不对称的情况下进行的,用人单位的基本情况相较于劳动者而言,是公开的、透明的,而劳动者的基本信息是难以求证的。《劳动合同法》第 8 条明确了用人单位在招用劳动者时,应当如实告知劳动者工作内容、工作条件、工作地点、职业危害、安全生产状况、劳动报酬,以及劳动者要求了解的其他情况。也就是需要向劳动者如实告知与工作岗位有关的情况,这是用人单位的法定义务。同时用人单位在招聘人员的过程当中,也需要了解劳动者的一些基础信息。比如会根据招聘岗位的重要性和专业化程度,向劳动者提出较为具体的应聘要求,如学历、从业经验和职业技能的掌握等,以判断其是否能够胜任工作岗位。说明义务主要是来自民法中的诚实信用原则,属于劳动者应当承担的一个基本的法律附随义务。在实践中,由于竞争比较激烈,就业压力比较大,一些劳动者在应聘特殊岗位的职务时，有可能会提供一些虚假的信息，比如学历或者婚姻状况等。首先需要明确的是，劳动者提供虚假信息，从道德层面上来说是违反道德的，应当受到谴责。那么这样的行为是否违反法律？关于劳动者在应聘过程当中未如实履行说明义务是否构成欺诈、是否导致合同无效有许多不同的观点：

第一种观点认为，劳动者在订立劳动合同的时候，没有依据诚信原则向单位履行说明义务的，是可以认定为构成欺诈的，双方签订的劳动合同应当属于无效。诚信作为一项基本的社会准则、道德标准和法律原则，在现实生活中衡量着我们每一个社会成员的一举一动。通常情况下，这种衡量是在没有监督也没有责罚的情况下默默进行的。但当特殊情形出现时，这种诚信原则就会成为一种强制性的要求，甚至要接受司法审判。需要注意的是，过分地加重劳动者说明义务的范围，认为凡是劳动者存在未如实说明的信息就构成欺诈也是不可取的，这会影响到劳动者权利的保护和劳动关系的稳定。一些细节性的问题，比如劳动者说自己社会关系很广、驾车技术很高、非常聪明或者团队合作精神很好等，如果对这些表述进行严格的要求，肯定是不符合常理的，而涉及一些关键性信息是有限制的必要的。

第二种观点认为，劳动者在订立劳动合同当中未如实履行说明义务，并不必然构成欺诈。这也是在司法审判当中比较常见的一种意见，只有当劳动者未如实披露，并且导致用人单位做出了订立劳动合同的错误意思表示的时候，才会构成欺诈，导致劳动合同无效。在这种情况下，判断劳动者说明义务的范围，应当综合以下两种情形来进行审查：一个是形式标准，另一个是实质标准。形式标准，需要审查用人单位是否明确告知了劳动者需要说明的内容，需要提供相关信息和证明材料。实质标准，是指在不违反法律或者行政法规规定的前提下，用人单位要求劳动者所提供的相关内容，而且这些内容要与劳动者工作具有直接的、必然的联系。比如对于劳动者的婚姻状况，用人单位要求劳动者必须是未婚的状态。在这种情况下，如果劳动者隐瞒自己已婚的事实，构不构成欺诈？从实质审查角度上来说，用人单位对于劳动者的这种说明义务的限制本身就是不合法的。因为在用人制度方面，是严格禁止性别歧视和婚姻歧视的，所以并不能认定劳动者构成欺诈。实质审查是指对于用人单位所要求劳动者说明的内容，不能违反法律和行政法规的相关规定，并且这种要求不能是带有特殊限制性的，应当是和劳动者本身工作密切相关的。比如企业要招聘司机，应聘者就必须具有驾驶证，如果劳动者没有驾驶证，即使招聘其进入企业，也不具备从事相关工作的资质和能力，同时劳动者在没有取得驾驶证的情况下还进行应聘是明显构成故意欺诈的。

第三种观点认为，认定劳动者是否构成欺诈，要综合考虑用人单位的说明情况以及合同履行情况。如果劳动者在订立劳动合同时未如实说明，且订立后不履行合同的，则构成欺诈；如果劳动者在订立劳动合同时虽未如实说明，但是订立以后积极履行合同，在期限到来之前能够履行合同的，则不应当认定为构成欺诈。举个简单的例子，还是以上面的司机和驾驶证的问题为例，公司需要招聘司机，在招聘中明确了所要招聘的司机是从明年五月份开始从事驾驶员工作的。那么劳动者在入职的时候虽然表明自己有驾驶证，但他当时的情况是正在考取驾驶证而且马上就要取得驾驶证了。虽然他隐瞒了一定的事实，但是在对方所要求他履行劳动合同的时间到来之前，实际上他已经满足了取得驾驶证并能够驾驶车辆的相关条件，并且能够积极履行作为一个驾驶员的职责的情况下，是不宜认定为构成欺诈的。

如果劳动合同因欺诈被认定为无效，那么这个合同应该是属于自始无效的。对于第三种观点争议比较大，很多人认为并不能够因为履行行为而补正合同本身的效力。在无效合同项下的这种情形如果认定无效，那么合同是自始无效的。劳动者隐瞒其没有驾驶证的事实导致了这份劳动合同自始至终就是无效的，后期是否会因为他的履行行为而能够补证这份合同的效力，是一个值得大家思考的问题。

在实践当中，用人单位以劳动者未如实陈述以下几种情形来认定劳动者是否构成欺诈：其一，婚姻状况。主要体现在女员工应聘时，很多用人单位不愿意招聘女员工，不愿意任用已婚的或刚结婚的女员工，因为用人单位认为她们马上会面临生育问题，会占用大量的时间，包括照顾小孩等，所以很多单位在这一点上是有特殊限制的。如果劳动者有隐瞒此类事实的情况，原则上不宜认定为欺诈。其二，学历以及技能掌握。对于学历状况以及特殊技能掌握这一点是存在较大争议的。下面介绍一个案子，关于某技术装备公司和隋某的劳动争议案。本案的争议焦点是某技术装备公司与隋某所签订的劳动合同是否有效。简单介绍一下案情，隋某是 2013 年 11 月 13 日入职某技术装备公司担任锅炉工的。双方签订的劳动合同期限是 2013 年 11 月 13 日至 2014 年 11 月 12 日，约定试用期一个月。在 2014 年 5 月 30 日，某技术装备公司以隋某持有假的特种设备作业人员证为由，与隋某解除了劳动合同，并对隋某进行了 3000 元的罚款。

一审庭审当中，某技术装备公司称其是在 2014 年的 3 月发现隋某的特种设备作业人员证是伪造的。在隋某入职后，某技术装备公司对其进行了进一步的调查，并让隋某去颁发资格证的机构调取相关证明来证实其证书的合法性。在没有具体查明的情况下，某技术装备公司给隋某安排了工作并向其发放了基本福利，后查明其证书确系伪造，基于某技术装备公司的管理制度及锅炉行为规范，某技术装备公司与隋某解除了劳动合同。因为双方在签署劳动合同时，曾明确约定了隋某应当具备国家颁发的相关资质，公司认为隋某伪造相关证书和某技术装备公司签订劳动合同的行为构成欺诈，合同应当是无效的。

隋某虽然承认自己确实伪造了特种设备作业人员的上岗证，但是不同意双方劳动合同无效，他认为自己提供了实际的劳动，合同是客观存在的，不能构成无效。双方在劳动合同第35条当中明确约定了必须按照国家有关规定持证上岗，乙方有义务提供有效的资格证书，并在合同期内参加有关培训及考核，保证资格证书合法有效。隋某入职时提供了相关证件，该证的发证机关是北京市质量技术监督局，作业项目代号是G2，批准日期是2012年10月23日，有效期限是到2016年的10月23日。

一审中，某技术装备公司提交了从特种技术从业人员数据库查询的相关信息，证明隋某取得证件的真实时间是2014年4月14日。信息显示：发证部门是北京市质量技术监督局，作业类是锅炉，批准日期是2014年4月14日，有效期到2018年4月14日。隋某也提交了其特种设备作业的合格证的复印件和金山教育的收费凭证的复印件，证明他获得了相关的证书，并进行了相应的培训。隋某入职的时候，公司要求其具有锅炉证，隋某提供了假的证书，并进行了隐瞒。后来公司发现他提供的是假的证书要与他解除劳动合同的时候，隋某实际上在后期又取得了相关的锅炉证。

本案在一审之前某技术装备公司提出仲裁，要求确认双方签订的劳动合同无效，仲裁委员会作出了不予受理的通知书。某技术装备公司不服仲裁结果诉讼到法院。一审的判决结果认为：其一，隋某在入职时虽然提供了虚假的证书，但是某技术装备公司完全可以通过查询特种技术人员的从业数据库和公共系统，查出证书的虚假性。说明某技术装备公司自身是可以通过数据库来查明证书的真假的，但是某技术装备公司在隋某一开始入职的时候并没有尽到相应的审查义务，所以认为不得以此为由主张劳动者欺诈。其二，某技术装备公司称是2014年3月初发现隋某的特种设备作业人员证属于伪造，但仍未进行核实。直到 2014 年 5 月 30 日才以假证件为由与隋某解除劳动关系。法院认为某技术装备公司在发现假证后没有及时进行处理，事后不得随意以此为由主张合同无效。其三，隋某在 2014 年 4 月 14 日，也就是劳动关系存续期间，实际上已经取得了真实有效的特种设备作业人员证，并且隋某实际上从劳动合同签订之日起，就已经为某技术装备公司提供了相应的劳动，双方已经建立了事实劳动合同关系。所以一审判决结果也是驳回了某技术装备公司的诉讼请求。

需要补充一下，劳动仲裁是劳动诉讼的一个基本程序，所有的劳动争议案件首先必须经过劳动仲裁。劳动争议经过仲裁后当事人对仲裁结果不服的，才能够到一审法院提起诉讼。在这里面还有特殊案件是不能够诉讼的，追索劳动报酬、工伤医疗费、经济补偿或者赔偿金不超过当地月最低工资标准十二个月金额的争议和因执行国家的劳动标准在工作时间、休息休假、社会保险方面发生的争议的案件，是属于一裁终局的。也就是说在这种情况下，只有劳动者对于这种裁决不服的情况下，才有权到法院提起诉讼，用人单位是没有权利进行诉讼的。但上述案件并不属于一裁终局的情况，因此某技术装备公司是可以提出诉讼的。

某技术装备公司对一审的判决结果不服，提起了上诉。二审经过审判对案件进行了改判，认定劳动合同无效。法院判决的主要理由是依照 2009 年《中华人民共和国劳动法》第 55 条的规定："从事特种作业的劳动者必须经过专门培训并取得特种作业资格。"即对于特殊职业者，劳动法是有明确限制性规定的。那么这就已经不再是一件普通的道德标准可左右的事情，就不能以道德标准来认定隋某是否构成欺诈，这种欺骗是违反了法律所明确的限制性规定的。而国务院发布的《特种设备安全监察条例》第 38 条也明确规定："锅炉、压力容器、电梯、起重机械、客运索道、大型游乐设施、场（厂）内专用机动车辆的作业人员及其相关管理人员（以下统称特种设备作业人员），应当按照国家有关规定经特种设备安全监督管理部门考核合格，取得国家统一格式的特种作业人员证书，方可从事相应的作业或者管理工作。"也就是说作为特种设备的作业人员应当持证上岗，并且按章操作。这是法律设定的一个义务条件。

在本案中，隋某应聘的是特殊岗位，法律已经对该岗位需要的资质条件进行了明确的限制，必须要取得特种设备作业人员证才能够从事相关工作。这并不是用人单位额外提出来的一个资质方面的条件，而是对于这种工种，法律就设置了它必须有一个强制性的条件，必须持证上岗。根据双方签订的劳动合同和当事人的陈述来看，隋某也明确表达了其在应聘该岗位的时候，单位是明确告知他必须持证上岗的，隋某是明确知情的。那么这个特种设备的作业人员证实际上是某技术装备公司录用隋某的一个必要条件。按照《劳动合同法》第3条第1款的规定，"订立劳动合同，应当遵循合法、公平、平等自愿、协商一致、诚实信用的原则。"这里面最重要的一点就是诚信原则，依法订立的劳动合同对签订劳动合同的双方都是有相应的约束力的。《劳动合同法》第8条明确规定："……用人单位有权了解劳动者与劳动合同直接相关的基本情况，劳动者应当如实说明。"因此隋某作为劳动者，在订立劳动合同时，应当依据诚信的原则，如实履行说明义务。

本案当中的特种设备作业证件关系到隋某的岗位任职条件和履行劳动合同资格等关键性问题，所以他提供虚假证件与某技术装备公司订立劳动合同的行为，已经构成了故意欺诈。另外，2009年《中华人民共和国劳动法》第18条明确规定了劳动合同无效的情形，其中第1款第2项"采取欺诈、威胁等手段订立的劳动合同"，属于无效合同。无效的劳动合同从订立之初起，就不具有法律约束力，同时法律也规定了确认劳动合同部分无效的，如果不影响其余部分的效力，其余部分仍然有效。根据上述分析，可以得出隋某持有虚假特种设备作业人员证与某技术装备公司订立合同的行为构成了欺诈的结论，所以双方的劳动合同无效。二审法院认为某技术装备公司的上诉主张是合法的、有据的，所以支持了这项诉讼请求。隋某主张某技术装备公司发现其提供假证后未及时对其进行处理，而且在2014年4月份他已经取得了有效的特种设备作业人员证，认为可以证明双方劳动合同是继续有效的。对此法院认为确定劳动合同是否有效的标准是以在劳动者订立劳动合同时的行为作为判断的。隋某在订立劳动合同时实施了欺诈行为，即使后期真实取得了相应特种设备作业人员证，也不能够否认他通过欺诈行为签订劳动合同的事实。因为无效劳动合同从订立之初起就没有法律效力，所以对于隋某认为双方劳动合同有效的主张，法院没有予以支持。

上面提到劳动合同被认定无效以后，有一个部分无效的问题，这也就涉及这个案子的另一个问题。隋某在这家单位工作了很长时间，他实际上是有付出劳动的。劳动合同无效，是不是就影响到他的相关劳动权益的保护？在司法处理上来说，其实有很多合同都有类似的情形，就是无效合同有效处理。虽然认定了无效，但是实际产生了相关费用或支出，该支持的还是要支持。比如租房子，如果这个房子是违法出租或者不符合出租条件，合同最终就会被认定为无效。虽然这个合同会被解除或者被认定为无效，但并不影响实际使用涉案房屋的人需要支付相关的使用费用。也就是说，尽管合同被认定为无效，但已经实际发生的费用该支持的还是要支持。那么劳动合同被认定为无效，是不是劳动者付出的劳动就不用支付劳动报酬了？劳动者已经付出了劳动，依然可以请求相应的劳动报酬，只不过后续的相关经济补偿金、赔偿金和双倍工资等这些条件是不能够实现的。而且如果是因为他的欺诈行为，给用人单位造成了直接经济损失，可能还会因此承担相应的损失赔偿。但是原则上来说，这一点是比较难实现的。以上就是关于隋某与某技术装备公司的劳动争议案件。

下面还有一个案子，是某管理公司与丛某的劳动争议案件。简单地介绍一下案件的基本情况，某管理公司聘请丛某担任营运总监，和丛某签订的劳动合同期限是从 2015 年 1 月 5 日到 2018 年 1 月 4 日。约定 2015 年 1 月 5 日到 2015 年 7 月 4 日为试用期。合同的第 26 条明确规定，丛某应积极主动地参加某管理公司组织的入职培训。如果丛某在试用期参加入职培训且考试成绩达到 80 分以上，按照某管理公司内部规章制度予以转正；如果丛某在试用期内无故不参加入职培训，或没有在规定的时间之内通过相关考试，视为不符合录用条件，不予转正，某管理公司有权与其解除劳动合同。丛某也向某管理公司做出承诺及保证，保证其向公司提供的身份证明、学历证明、工作经历、职业技能、入职体检报告和劳动合同解除证明等均为真实有效，如因上述承诺及保证不实，导致双方签订劳动合同无效或发生任何违约或赔偿责任，其无效之不利后果及责任全部由丛某承担。

丛某在入职时签订的劳动合同里面要求其提供基本证明材料，包括身份证明、学历证书等，这也是一个关于如实陈述的问题。在 2015 年 6 月 3 日，某管理公司向丛某发出了解除劳动合同的通知。该通知明确显示：因为您在试用期内被证明不符合录用条件，现通知您将于 2015 年 6 月 24 日与本公司解除劳动关系，请于次日办理离职手续，做好工作交接，公司将支付您应得的工资及各类补贴，特此通知。丛某不认同某管理公司与自己解除劳动合同的理由，提出仲裁，仲裁裁决双方应继续履行合同，某管理公司不服，诉至法院。一审中，为了证明丛某试用期内不符合相应的录用条件，某管理公司提交了丛某试用期的工作总结、工作胜任能力调查问卷和调查结果、考卷网页打印件、公司另外两名员工在线的聊天记录打印件等证据。并且某管理公司主张丛某存在欺诈该公司的行为。公司提交了员工招聘申请表、打印件应聘登记表、学历证书复印件、学位证书复印件。在应聘登记表中，丛某称其系齐齐哈尔大学本科学历，学历证书复印件、学位证书复印件上均有丛某签字，其上显示出丛某系齐齐哈尔大学本科毕业。同时某管理公司提交了显示有齐齐哈尔大学档案证明专用章的公函，显示：经查我校2002年相关毕业文件，无丛某的相关信息。这份公函表明丛某伪造其在齐齐哈尔大学就读的相关证件。丛某也承认了自己毕业于齐齐哈尔市某高校，取得的是大专学历。

一审法院认为，从公司规定在试用期内不通过考试就视为不符合录用条件这一点来说，法院是不支持也不采信的。所以基于这一点，法院认为某管理公司认为丛某不符合试用期的录用条件从而解除劳动合同是缺乏事实依据的，法院要求劳动合同继续履行。其中，有一点一审法院跟仲裁委员会的意见是一样的，认为公司后期所查证的丛某的学历造假的事实和公司一开始要解除劳动合同的理由是不一致的。公司在2015年12月24日出具的假的学历证明，而解除劳动关系事实发生在2015年6月24日，不能以后查明的事实反过来推定双方具备合同解除的条件。所以这个案子一审的判决结果还是支持了劳动者的请求，撤销了公司的解除通知，判定劳动合同继续履行。

用人单位不满意一审的判决结果，提出上诉。二审的核心争议焦点还是关于丛某的假学历问题，以及劳动合同效力的认定问题。

简单地说一下，在这个案件中其实一审法院和仲裁委员会完全是从合同解除是否符合条件的角度去审查的，实际上这个案子不是一个合同是否符合解除条件的问题。虽然公司发出解除通知时是以丛某不符合试用期条件为由，就单纯只是审查合同是否符合解除条件来说，仲裁委员会和一审法院的审查角度确实是没有什么问题，但是实际上这个案子是一个合同效力的问题，而不是一个合同解除的问题。因为合同效力问题是代表自始无效的。那么上一堂课咱们也讲到了，涉及劳动合同的无效性里面有一项重要的情形，就是劳动者一方存在故意欺诈的行为。本案当中，根据查明事实来看，丛某所填写的应聘登记表和他向某管理公司提供的学历证书、学位证书均显示他是齐齐哈尔大学本科学历。而依据某管理公司提交的公函来看，齐齐哈尔大学的2002年相关毕业生文件中并没有丛某的任何信息。在庭审过程当中对于这一点丛某也是认可的，自己实际上只是齐齐哈尔市某高校的大专学历，所以可以认定丛某实际上是向某管理公司提供了虚假的学历信息。从劳动者在应聘时负有向用人单位提供与劳动合同直接相关基本情况的义务的角度上来说，学历的高低对于签订劳动合同有着直接影响力，所以劳动者在订立合同的时候是负有如实陈述的义务的。需要强调的一点是，欺诈也是分情况的，要看欺诈的内容是不是影响到劳动合同订立的客观条件。例如，某些女职工对于自己已婚或未婚、怀孕或未怀孕这些情形，如果用人单位在劳动合同签订时对这些条件做了限制，在这种限制本身就是违法的情况下，即使女职工在入职时做了虚假的陈述，劳动合同也不会因此失去效力。但本案中，劳动者的学历条件将对他能否签订劳动合同以及劳动者将来的待遇问题产生重要影响。丛某在合同当中也明确承诺，他向某管理公司提供的相关资料都是真实的，那么在此情况下，他依然提供虚假学历，明显是存在欺诈的主观故意的。另外，用人单位在与劳动者订立劳动合同的过程当中，通常都会以劳动者的教育背景、工作经历以及笔试面试表现等，对劳动者的能力、资格和信用道德操守做一个综合的评判，以决定是否对劳动者进行录用。仅凭这种初步的审查，原则上来说，不太能够判断应聘者究竟是否适合于用人单位的全部录用条件，所以法律才规定了允许用人单位和劳动者约定试用期。试用期的目的是让双方有进一步了解的机会，因为录用条件是一个客观条件，劳动者是否完全符合用人单位的条件,是需要通过实际接触和实际工作才能获知相关信息的,所以法律设定了用人单位在试用期内与劳动者解除劳动合同相应的权利。劳动者的学历虽然不能直接等同于劳动者的劳动能力,但试用期的表现在一定程度上是能够反映劳动者的劳动能力的。综合上述分析,二审法院认为丛某提供虚假学历的行为是构成欺诈的,某管理公司实际上是在违背了真实意思表示下与他签订的劳动合同,劳动合同应当属于无效。

再说一审法院一直在强调的,关于解除劳动合同的问题。解除劳动合同是建立在合同有效的前提和基础之上的。因为丛某与该公司签订的劳动合同已经被认定为无效,所以即使在后期解除的过程当中,可能用人单位存在一些违反劳动法规定不符合解除条件的事由,由于劳动合同自始无效,也就无须再去判断解除行为是否合法的问题。

以上是关于劳动合同订立过程中,涉及隐瞒真实信息时合同效力问题的两个案例。

学生提问:简历中注明的工作经历不实算不算欺诈?

答:实际上我觉得应该还是要具体情况具体分析。如果说用人单位对于劳动者之前从事的职业经验有要求,那么这家公司的工资待遇可能会非常高。例如,在一些大公司,劳动者的经历可能会影响到人际交往以及社会背景等很多社会关系。有些单位可能会要求劳动者必须在五百强以上的企业工作过,那么公司在招聘时给的待遇和只在普通企业工作过,或者是刚刚毕业的大学生,是不一样的,同样,你的工作经历会影响到单位的一些关键性的判断。但是如果只是非常普通的企业,对于劳动者是否在五百强企业任过职,或者是否在名企中工作过,是没有那么高的限制和要求的。很多用人单位,包括华为、阿里巴巴等互联网企业,他们招聘员工的时候会分不同的职位等级,不同等级的职位对应的任职条件是不一样的。如果用人单位在招聘的时候，关于任职条件没有明确的要求，你在递交相关学历或者是资格证明的时候，仅是为了使自己的经历显得更好看，做一些影响到人家判断的陈述，但并不影响根本性的招聘条件的情况下，法院可能不会认定存在影响劳动合同订立条件的欺诈故意。但如果你应聘的是一个非常重要的职位，在招聘的过程当中，招聘条件对任职经历是有明确要求的，你又明显不符合这个条件，还做了虚假的陈述，那一定会影响到合同效力问题。

三、试用期的问题

咱们接下来讲一下试用期的问题。试用期的问题在《劳动合同法》的第19条第1款加以规定："劳动合同期限三个月以上不满一年的，试用期不得超过一个月；劳动合同期限一年以上不满三年的，试用期不得超过二个月；三年以上固定期限和无固定期限的劳动合同，试用期不得超过六个月。"也就是说，试用期最长是6个月，如果试用期过长，用人单位肯定是违法的。另外，同一用人单位与劳动者只能约定一次试用期，也就是说不能以试用期到期以后对劳动者的任职条件不满意等为由变相地增加试用期。刚才提到的是关于只能约定一次试用期的问题。另外一个就是以完成一定工作任务为期限的劳动合同和劳动期限不满3个月的情形，原则上这种情形是可以不用约定试用期的，试用期也是包含在劳动合同期限中的。如果劳动合同当中仅约定了试用期，那么试用期不成立，试用期就等同于劳动合同的期限。并且在试用期之内，除劳动者违反《劳动合同法》第39条和第40条第1项、第2项规定的情形外，原则上用人单位是不能够解除劳动合同的，如果要解除，应向劳动者说明理由。

接下来我们讲一下试用期工资的问题，试用期的工资不能低于约定工资的80%，不能低于用人单位所在地的最低工资标准。最低工资标准原则上来说，在很多地方都能够用到，尤其涉及劳动合同法的时候，比如说很多单位在签订劳动合同的时候，不约定工资标准，或者有一些不定时的工资标准。举个简单的例子，大家都知道出租车司机是定时开车的，他的工资并不是固定的，而是在开车所赚的钱的基础上，扣掉车费钱和向管理公司缴纳的费用以后，剩下的才是他的报酬。所以很难确定出租车司机的工资标准，大部分的管理公司都只会跟出租车司机约定一个最低工资标准。我们国家的法律规定所有的用人单位在与劳动者签合同时，约定的工资标准不能够低于同一地区的最低工资标准。如果你的工资标准低于同地区最低工资标准，可以到法院提起诉讼，法院会根据最低工资标准作出判决。

刚才提到用人单位原则上不能安排两次试用期。对于《劳动合同法》第19条第2款"同一用人单位与同一劳动者只能约定一次试用期"的规定，在实际理解上存在一定的分歧。

第一种观点认为，在签订劳动合同以及劳动合同续订的时候，在同一或者同类岗位上只能约定一次试用期。如果续订之后，岗位发生了实质性的变化，可以再次约定试用期。例如，劳动者作为一个普通员工，与用人单位签订了为期三年的劳动合同。后来用人单位与劳动者续订合同的时候，发生了职位的调整，如劳动者升职，成了部门经理，用人单位又与劳动者重新签订了五年的劳动合同。在这种情况下，算不算是又形成了一次新的劳动合同关系？可不可以重新约定试用期？有人认为如果出现新岗位或者新合同的情况下，是可以重新约定试用期的。

第二种观点认为，在一个劳动合同期内或合同续订时，无论是不是同一岗位，原则上只能约定一次试用期。这种观点主要是以单位作为标准，而不是以劳动合同的次数或者期限作为标准。从立法本意上来看，该条款主要是为了保证用人单位和劳动者之间稳定的劳动关系，避免用人单位在短期之内多次与劳动者约定或者变相增加试用期。如果用人单位连续让同一劳动者更换同一岗位的替代性的岗位，原则上不应当再约定新的试用期。当然如果新的岗位需要用人，且岗位的替代性不强，存在实质性变更的可能，也可以适当放宽一些。

下面我们就来看一个案例，是关于某物业公司和吴某的劳动争议案件。吴某与某物业公司签订了劳动合同，合同期限是从2008年5月4日到2010年5月4日。同时约定试用期3个月，到2008年7月4日，职务是客服助理，试用期的基本工资是2600元，转正以后工资为2800元。上述合同到期以后，双方又两次续签劳动合同，分别是2010年5月4日至2012年5月3日与2012年5月4日至2014年5月3日。期间出现了工资标准和岗位调整的情况，在2012年6月18日，吴某的岗位从客服部客服助理变为品质部品质助理，月工资标准调整为基本工资2400元，绩效600元，交通补贴200元，合计3200元。同时，上述内容记载于人事异动申请表当中。工资表另一栏显示两个月后根据考核评估另行调整。2012年8月18日，吴某成为品质专员，工资调整为3950元。上述内容也记载在人事异动申请表中，该表的工资说明一栏显示是品质专员并加上了括号注明试用期。试用期过后，吴某持两份人事异动申请表主张某物业公司违法，安排了两次试用期。某物业公司则承认两份人事异动申请表的真实性，但认为自己并没有违法安排二次试用期。某物业公司认为品质专员岗位的工资级别不同，吴某初到此岗位时，需先从最低档工资级别，经过两个月观察考核以后，再调整为更高工资级别，并非劳动合同法当中的试用期的含义。

后双方发生劳动争议，这个案件经法院审理，认为双方签订的人事异动申请表上载明两个月后根据考核评估另行调整、品质专员试用期转正后等内容，可视为某物业公司再次变相规定试用期，违反了《劳动合同法》的相关规定。现该试用期已经履行，所以某物业公司应当以试用期满以后的月工资为标准，向吴某支付两个月的赔偿金。这个案子是关于劳动者在同一家公司的岗位变更后重新再约定一次试用期是否符合法律规定的例子。从该案的生效判决来看，实际上对于所谓岗位更换规定新的考核和验证期，降低相应的工资待遇标准，原则上是不受到立法保护的。法院也依法对该物业公司的行为作出判决，让其支付相应的赔偿。

四、休假问题

单位给予的未休年假工资标准低于法定标准，能否比照法定标准要求工资？工资标准认定的问题、未休年假工资补偿标准的问题，在《劳动合同法》当中并没有明确规定。但是，在行政法规方面是有明确规定的，如《职工带薪年休假条例》中对劳动者未休年假的工资标准进行了规定，这也涉及劳动者一项重要权利保护的问题。

所谓年假，就是指劳动者入职以后，单位会依照法律的规定，结合每一个入职员工的工作时间，提供相应的法定的年假天数。比如按照《职工带薪年休假条例》，职工连续工作一年以上的享受带薪年假。从具体的企业职工带薪年假实施办法来看，我们国家的劳动法针对具体某一项待遇或者某一项薪资标准，都会有专门的行政法规进行规定。仅针对带薪年假这一个问题，就有明确的带薪年假的实施办法。以月作为单位进行考量，是指职工连续工作满 12 个月以上，包括在本单位连续工作满 12 个月，也包括不同单位，但要连续工作满 12 个月。每一个劳动者入职以后，按照入职年限，单位会固定提供给劳动者带薪年假。举个简单的例子，由于法院属于国家机关，基于行政机关的岗位特点，只能作为一个参考。入职法院第一年是没有年假的，第二年正常情况下会给 5 天年假。意思是你连续工作满 1 年，可以享受 5 天年假；工作满 10 年，能够享受 10 天的年假；工作满

20年，能够享受15天的年假。如果你的年假得不到保证，比如你请年假的时间与法院繁忙时期相冲突，请完了之后，单位不批准或者说不准许这样的情况下，你的未休年假是可以获得相应的经济补偿的。

这也是很多劳动者在劳动争议的诉讼中，会向单位去主张的。按照法律规定，劳动者工作的年限决定了年假的长短。但是不同的用人单位会在此基础上做出相应的调整。例如，有的单位包括有些外企给你的待遇可能会超过法律所赋予的年假天数，甚至有额外的奖励。比如你超额完成了某个项目，会额外增加年假的天数并告知你若未休年假，是可以获得经济补偿的。并且有的单位会明确地在劳动合同中写上如果你不休年假会有其他的补偿。对于法定年假，法律是有规定的，如果不休，用人单位必须给予劳动者补偿。但是非法定年假是用人单位额外给的假期，在不休的情况下，劳动者是否也可以获得经济方面的补偿和救济在司法实践中存在较大争议。

用人单位给予的超过了法定年假的天数，一般称为福利年假。就像我前面提到的，按照法律规定，工作满10年可以休10天。但是单位认为你表现得不错，或者是单位本身的待遇，只要你工作满10年，就享有15天的年假，对于超出的5天就属于福利年假，那么劳动者能不能按照法定的未休年假的标准，要求用人单位给予未休福利年假额外的工资补偿？在实践中，有很多单位特别是外企，会在国家的法定节假日之外，根据劳动者的工作情况，自主给予一定的年假天数，以便更好地吸收外来人才。除年假外，还有探亲假，如果你的家乡不是所从事工作的城市，比如你是外地人，在北京工作，那么单位会给你额外的探亲假。但探亲假一般是与你的婚姻状况密切相关的，结婚以后4年享有一次探亲假，一次20天左右。探亲假法院的在职人员是享有的，至于其他单位有没有我并不知道。当你真正作为一个劳动者去提供劳动的时候,年假对于你来说就变成了一项非常重要的福利,因为你只有在休假的时候才能真正地放松自己。然而对于一些工作强度较大的企业来说,年假是很难实现的。特别是对于外企来说,工作量较大,难以享受年假,那么给予相应的经济补偿对于外企的劳动者来说是非常必要的。

当因为工作过度繁忙,没有享受到福利年假的情况下,劳动者是否能获得相应的经济补偿呢?对于这一点,在司法裁判当中一般认为,除非双方对于超过法定年假天数的福利年假有明确的约定,即如果劳动者放弃休假,单位会额外地给予经济方面的补偿,或者劳动者事先同意,否则用人单位安排的奖励性休假原则上不抵消,劳动者依法应享有。当然这个问题也是存在比较大的争议的。

第一种观点认为,用人单位规定的年假天数高于法定年假标准的,如果劳动者主张未休超出法定部分的假期,要求按照300%的法定标准支付未休福利年假工资的,应当予以支持。2014年《深圳市劳动人事争议疑难问题研讨会纪要》(深劳人仲委〔2014〕1号)提出:当劳动合同、集体合同或规章制度约定了高于法定标准的年假天数,以及超过法定年假天数的未休年假补偿标准的,该约定即使低于法定年假工资标准,亦应当认定有效。未约定补偿,或者约定了补偿但未约定具体补偿标准的,劳动者诉请超过法定年假天数的,可按法定年假工资标准给予补偿。这个文件可能不太好理解。咱们来解读一下,比如按照法律规定,劳动者工作满10年,应该享受10天年假,但实际上,用人单位与劳动者明确约定了工作满10年,可以获得15天的年假。那么对于超出的这5天,如果不休,能不能够按照法律规定的300%的工资标准来要求用人单位给予经济补偿呢?例如,劳动者一天工资是100元,年假补偿就应该是一天300元,但是超出的5天时间,用人单位在与劳动者签订的劳动合同当中明确约定了,如果劳动者不休福利年假，一天会给予 100 元的补偿。所以，如果劳动者未休 15 天年假，按照法律规定，10 天的法定年假按照 300 元一天补偿，5 天的福利年假则按照约定的 100 元一天补偿。如果劳动合同中没有约定补偿或者是约定了补偿但没有约定具体补偿标准，劳动者诉请超过法定年假天数的补偿，应该按照什么标准进行计算？如果劳动合同有约定，就按劳动合同的约定；在没有约定的情况下，劳动者是可以拿到 300 元一天的补偿的，但是前提是双方对于超出的部分是有明确约定可以获得补偿的。

第二种观点认为，虽然劳动合同中没约定补偿，但只要单位许诺会给予劳动者额外的福利年假，用人单位就要给劳动者福利年假未休假的补偿。《企业职工带薪年休假实施办法》第 13 条规定："劳动合同、集体合同约定的或者用人单位规章制度规定的年休假天数、未休年休假工资报酬高于法定标准的，用人单位应当按照有关约定或者规定执行。"所以即使约定的休假天数或者报酬标准高于法定标准，原则上法律也是支持的，只要用人单位确实有所约定，法院就可以按照用人单位的约定进行判决。这种情况主要针对的是约定超过了法定标准的情形。对于超标部分休假天数或者未休年假工资报酬标准超过法定标准的，原则上也要遵守相应的约定，而非一律适用法定标准来予以执行。

下面是巴特勒公司与陈某的劳动争议案，这就是一个关于未休年假工资的案件。基本案情是：陈某和巴特勒公司在 2008 年 1 月 1 日签订了两份期限为 3 年的劳动合同，最后一份劳动合同期限是 2011 年 1 月 1 日至 2013 年 12 月 31 日。在 2013 年 12 月 30 日巴特勒公司向陈某发了一份解除劳动合同的通知，理由是陈某违反公司规章制度。

巴特勒公司的休假福利政策是员工工作年限为三到五年的可享受

14天的年假，五到十年的可享受16天年假，十到二十年可享受18天年假。合同第13条规定，只有在员工提供加入本公司前累计工作年限的有效证明以后，才可以充分享有法定年假天数。关于年假的标准，需要补充的一点是，除劳动者在同一家单位的工作时间之外，如果劳动者之前还曾经在其他单位工作过，那么这个法定年假的标准，不是以劳动者在一家单位的工作时间来计算所享有的年假，而是原来工作的年限是可以与现在这家公司工作的年限进行连续性计算的。比如说我在北京市第三中级人民法院工作了5年，然后又到山东工作了10年，计算年假的时候，是可以将在北京工作的5年和在山东工作的10年进行相加的，这是受劳动法保护的。所以从外企的条款来看，对于员工在入职公司之前如果有累计计算工作年限有效证明的，也是可以加入进去充分享受法定年假天数的。每个日历年度中年假的天数计算方法与国家规定保持一致，年假总天数于当年年度生效，所有累计年假应当在单个日历年度休完，如有特殊情况经员工申请并由经理批准同意，员工当年累计未休年假可以在次年6月30日前休完。如员工与公司终止劳动关系，公司尽可能在劳动关系结束之前安排员工休假；不能安排的，公司有义务对员工未休完的年假进行补偿。刚才提到原则上必须在当年把自己的年假休完，实在不行可以进行延期，即使延期也必须在第二年的6月底之前休完。否则，未休完的年假公司是不会补偿的，公司只对未超期的未休完的年假进行相应的补偿。巴特勒公司未休年假的补偿是一天按照日工资收入的100%来进行的，显然它的标准是低于正常的法定标准的。依据巴特勒公司老员工补充福利性政策，陈某享有养老金、房屋资助以及医疗等福利待遇，后双方发生劳动争议，陈某申请了仲裁，要求巴特勒公司支付他未休年假工资，以及养老金、房屋资助和医疗等福利待遇的经济补偿。仲裁裁决以后，巴特勒公司诉至法院。

从巴特勒公司起诉到法院这一点来看，仲裁裁决的结果显然是对劳动者有利，对公司不利的。我上一次其实跟大家简单地介绍过，所有的劳动争议的案件，原则上是必须经过仲裁裁决的。经过仲裁裁决以后，劳动者和用人单位双方如果对仲裁裁决的结果不服，是可以到法院提起诉讼的。但是仲裁是劳动争议必须经历的前置程序，没有经过仲裁的案件，直接到法院去起诉，原则上法院是不予受理的。一个案件经过仲裁后，从当事人在案件起诉过程当中是原告还是被告，就可以看出来仲裁的处理结果。这个案件仲裁裁决结果是支持了关于劳动者要求未休年假工资补偿的要求。所以巴特勒公司诉至法院，这个案子一审判决的结果是什么呢？就是对于单位给予的超过法定标准的年假，有规定的或者有约定的从规定和约定，而并不是一律要按照法律规定的标准来执行。本案当中的巴特勒公司所约定的年假可以视为巴特勒公司的一个规章制度，这个规章制度也并不违反法律规定的带薪年假的强制性规定。如果公司约定的年假标准低于法定标准肯定是违法的，但是如果超标了并不违法。并且该公司明确地做出了承诺，陈某也是明确知道该规章制度，而且是按照这个制度来履行的。一审法院认为应当依照巴特勒公司的规章制度来进行相应的处理。根据现有的证据，认定陈某2012年享有的年假天数应该是16天，2013年享有的年假天数应该是18天。陈某说其在2012年向公司申请延期休假，但并未提交证据证明其曾经提出过延期休假的申请，所以对于陈某主张巴特勒公司应支付他该部分未休年假工资被认为缺乏依据，法院不予支持。后根据双方提交的证据，可以认定陈某在2012年未休年假，2013年休了12天的年假。一审判决根据员工手册中关于员工申请年假时未使用国家法定年假天数的依据，判决巴特勒公司应当支付陈某2012年5天未休法定年假的工资和2013年6天未休公司福利年假的工资。

这里面其实包含了两个部分，按照公司的福利待遇，陈某享有2012年16天的年假和2013年18天的年假。但是对于福利性的年假，公司有一个明确的规章制度并告知了陈某：对于福利性的年假，如果超过了规定的期限或者延期，不休假公司是不会给予额外补偿的。在这种情况下，一审法院实际上把年假进行了一个分割，按照陈某本身的入职时间，单位能够给他提供的福利年假时间是远远多于法律规定应当享受的年假时间的。但是因为单位对于福利年假有一个时间的限制，就是说如果当年你不休那是你自己的问题，公司不会给额外补偿。但是在陈某的16天的年假里面实际上是包含了法律规定的正常情况下应该享受的法定年假的，所以法院在最后判决的时候对于涉及2012年的年假天数，是按照陈某本应享有的5天法定年假确定的，并且按照法律规定的工资标准给陈某计算年假工资。而涉及2013年的休假天数，根据查明的事实来看，陈某在2013年休了12天，按照福利年假的规定，陈某是有6天没有休的，这个时间还没有超过公司本身所许诺的应该给的补偿的时间标准，所以对于他未休完的这6天年假认定属于公司福利年假，按照公司合同中约定的福利年假的补偿工资标准给陈某计算休假工资。一旦涉及劳动争议，工资核算、假期以及待遇是一件非常麻烦的事情。像国家机关提供给劳动者的年假标准，一定是跟法定年假标准完全一致的，不会给法定标准之外的任何福利和待遇。但一旦涉及外企就不是这样的，外企给予员工的年假待遇是非常宽泛的，同时它也有相应的限制和条件。

法官在审理关于劳动合同的案件时，既要尊重劳动法的规定，即有一些强制性的标准是不能逾越的。同时还要在一定程度上遵守劳动合同的约定，就是当不违反强制性标准，当事人有自由意思表示的情况下，也是要尊重自由意思表示的。

五、工资标准认定的问题

下面再说一下关于劳动合同履行当中的工资标准认定的问题。对于工资标准的认定，是在很多劳动争议当中涉及的另外一个非常重要和复杂的问题。因为很多劳动者解除劳动合同，往往都是以用人单位没有按时发放工资，或者是发放工资标准低于承诺的工资标准为由。那么关于工资标准的举证证明责任一般是根据什么来判断？一个劳动者在一家用人单位的正常工资标准，并不是简单地光看劳动合同的。因为有很多单位在签订劳动合同时，基础的工资标准签得非常低。他会有额外的比如说提成、奖金、薪金、固定报酬和报销的费用，如有的单位会提供房租或交通补贴等。那么在这种情况下，认定一个劳动者从一家用人单位所应当获得的工资报酬标准，一般要结合以下几个内容：一个是劳动合同，另外一个是银行交易明细，就是劳动者从用人单位获得相应工资报酬的时候一般都会有固定的工资卡。那么也就是说工资卡上每月所固定获得的报酬，往往才是劳动者真实的从一家用人单位所获得的报酬。另外还有一些纳税凭证，因为现在劳动者所获得的工资报酬是要缴纳相应的个人所得税的，所以纳税凭证能够侧面地反映出劳动者实际从该单位获得的报酬的情况。大家还要注意一点，就是关于工资报酬，原则上举证责任是分配在用人单位身上的。因为劳动者的工资标准一般是用人单位制定和提供的，所以公司在举证方面具有更强的优势。

下面要提到的一个关键性的问题，就是关于报销费用能否认定为工资。区分这一点主要是看报销费用究竟是这一家用人单位的一种内部的财务制度，还是一种变相发放工资的行为。对于用人单位每个工资支付周期以报销名义固定地向员工发放的金额，原则上法院是会认定为属于工资的组成部分。如果只是偶发性的，比如确实属于劳动者工作的支出，由劳动者提供相应的报销凭证以后再进行报销的费用，原则上法院是不认为属于工资构成的一部分的。

下面这个案子就是关于工资报酬的。这是钱某和某医药公司的劳动争议的案子，从钱某提供的入职某医药公司的证据来看，他是2007年12月26日入职某医药公司担任销售一职的。劳动合同的期限是从2007年12月26日至2010年12月25日，以及2010年12月26日至2013年12月25日。关于工资标准，某医药公司主张钱某实际的工资标准只有1500元。钱某主张1500元只是基本工资，还有1800元的绩效加提成。为了证明这一点，钱某提供了一份电子邮件的公证书、光大银行以及建设银行的流水。主张虽然某医药公司发放到光大银行的是固定的工资1500元，但是发放到建设银行的却是提成。而且从他提供的证据上来看，建设银行确实显示2013年3月18日、4月10日、5月10日、6月7日，大家注意看一下，基本上是每个月都有，7月10日、8月13日、9月10日、10月12日，都有汇款记录，虽然每月显示的备注都是报销的内容，但是金额都是固定的1800元。某医药公司对光大银行的明细表示认可，但坚持称建设银行的明细是报销的款项。

本案中的焦点之一就是钱某的工资构成。钱某主张提成和绩效属于固定工资的构成，但是他提交的建设银行卡上的明细显示的内容是报销。某医药公司也不认可该款项是提成，鉴于该医药公司不认可钱某存在提成，一审法院对钱某的主张不予采信，认定钱某的工资是固定的1500元，最后该案被发回重审，支持了钱某的主张。

在这里给大家说一下发回重审，发回重审在法院其实是一件非常困难的事情。因为按照法律的规定来说，只有出现严重的程序性问题，而且属于二审没有办法进行补充查明的情况，才有可能发回重审。发回重审，就代表案子在一审过程中是有严重程序瑕疵的，对于法官的个人影响是非常大的。所以原则上法院都会采用改判的方式解决问题，尽量不发回重审。除非有些核心性事实，涉及当事人诉权的问题。比如说二审提交了大量新的证据，可能当事人陈述的抗辩理由与一审完全不一样，甚至可能会涉及鉴定、评估等一些比较复杂的程序。在这种情况下，才有可能发回重审。

对于二审法官来讲，发回重审可能会减少其工作量，但对于当事人来说又要耗费很多时间。改判也不能说影响不大，但是没有发回重审那么严重。因为改判只能证明在个别的问题上可能存在争议，查清后是可以直接进行处理的。而发回重审其实对当事人的影响是最大的。当事人本身就经历了一审到二审，然后从二审发回一审以后，还要重新再来一遍。试想一下当事人拿到判决需要花费多长时间。有一句非常有名的话是"迟来的正义非正义"，诉讼效率也是非常影响当事人权益的。

司法改革背景下四级法院的职能定位研究

主讲人：范跃如（北京市高级人民法院审判管理办公室副主任）

时　间：2018年11月12日（星期一）13：30~15：00

地　点：博远楼1号会议室

举办方：法学院

主持人：法学院副院长　郑文科

演讲内容：

非常高兴也非常感谢郑副院长以及首都经济贸易大学法学院给我这样一个跟大家学习交流的机会。按照首都经济贸易大学法学院的安排，以及和郑副院长、刘影老师的沟通，今天我主要给大家讲一下司法改革背景下四级法院职能的定位问题，也是我个人的一些体会。给大家讲述的内容主要有四方面：其一，四级法院职能定位问题的提出；其二，我国四级法院建制由来；其三，四级两审制中的职能定位问题；其四，四级法院的职能定位展望。

司法改革的浪潮方兴未艾，如何在不牺牲公正的前提下，规范化地提高效率，成为人民法院面临的一项紧迫的时代命题。2013年11月12日中国共产党第十八届中央委员会第三次全体会议通过的《中共中央关于全面深化改革若干重大问题的决定》提出"明确各级法院职能定位"，从而将四级法院的角色定位提上了改革日程。2014年10月23日中国共产党第十八届中央委员会第四次全体会议通过的《中共中央关于全面推进依法治国若干重大问题的决定》提出"完善审级制度，一审重在解决事实认定和法律适用，二审重在解决事实法律争议、实现二审终审，再审重在解决依法纠错、维护裁判权威。"这从宏观上明确了一审、二审和再审的任务侧重点，也初步明确了不同审级人民法院的职能定位。2015年最高人民法院《关于全面深化人民法院改革的意见——人民法院第四个五年改革纲要（2014—2018）》进一步强调了不同审级法院的差异职能。本次演讲内容拟通过探讨司法改革背景下不同审级法院的功能定位、上下级法院之间的职权配置，提出构建科学的审级关系，以期使四级法院的职能层次更加清晰，审判功能更加明确，价值目标更加科学。

一、我国四级法院建制由来

我国现行法院体制的形成，源自革命根据地时期。1927年中国共产党领导人民开始创建革命根据地，实行土地革命，建立人民革命政权，并逐步建立了司法机关。1931年以前，各根据地的司法机关很不统一。中华苏维埃共和国临时中央政府成立后，1931年12月13日中央执行委员会发布了《处理反革命案件和建立司法机关的暂行程序》，规定苏区各地在未设立法院之前，需在省、县、区三级政府设立裁判部，建立临时司法机关。1932年2月19日，中华苏维埃共和国中央人民委员会决定组织临时最高法庭。1932年6月9日，中华苏维埃共和国中央执行委员会颁布了《裁判部的暂行组织及裁判条例》，共6章41条，统一规范了苏区的司法审判程序和职责权限，规定裁判部在审判方面受临时最高法庭节制，省、县、区、城市四级政府内均设立裁判部，县以上裁判部同时必须设检察员。四级法院雏形初现，即当时根据地的审判机关主要分为四级：中央设立临时最高法庭，地方设立省、县、区裁判部。1934年2月17日颁布的《中华苏维埃共和国中央苏维埃组织法》第34条规定："为保障中华苏维埃共和国革命法律的效力，在中央执行委员会之下，设立最高法院。"中华苏维埃共和国最高法院应运而生。

抗日战争时期，作为根据地示范区的陕甘宁边区法院设置为二级，即县司法处、边区高等法院，1943年又在各分区（延安分区除外）设立高等法院分庭，就近审理各分区的民刑事案件。解放战争后期，各行政区一般都建立了大区、省（行署）、县三级审判体制，审判机构一律改称人民法院。

新中国成立初期，在总结各革命根据地的经验的基础上，1951年颁布的《中华人民共和国人民法院暂行组织条例》将法院的设置定为三级，即县级人民法院、省级人民法院、最高人民法院。省级人民法院和最高人民法院设分院和分庭，并在第5条第1款规定"人民法院基本上实行三级两审制，以县级人民法院为基本的第一审法院，省级人民法院为基本的第二审法院；一般的以二审为终审，但在特殊情况下，得以三审或一审为终审。"1954年《中华人民共和国人民法院组织法》（以下简称《人民法院组织法》）改变三级两审为主的审级制度，在基层人民法院与高级人民法院之间增设中级人民法院，统一了全国法院的四级设置，并将这一体制纳入《中华人民共和国宪法》，从而正式形成了我国四级法院的体制，沿用至今。2014年以来，按照中央司法改革精神，最高人民法院设立了6个巡回法庭和2个国际商事法庭，分布在深圳、沈阳、南京、郑州、重庆、西安，负责审理巡回区内最高人民法院依法确定的案件，实现审判重心下移，矛盾纠纷就地化解，统一法律适用，服务改革开放和"一带一路"建设，被群众亲切地称为"家门口的最高法院"。新修订的《人民法院组织法》[1]对上述改革举措予以了明确，其中第19条规定："最高人民法院可以设巡回法庭，审理最高人民法院依法确定的案件。巡回法庭是最高人民法院的组成部分。巡回法庭的判决和裁定即最高人民法院的判决和裁定。"此外，还试点设立跨行政区划法院，破除诉讼"主客场"现象；设立知识产权法院，加大知识产权司法保护力度；设立金融法院，维护金融安全和秩序；设立互联网法院，加强网络空间依法治理。新修订的《人民法院组织法》同样对前述部分改

---

[1] 2018年10月26日中华人民共和国第十三届全国人民代表大会常务委员会第六次会议修订。

革举措予以了明确，如第 15 条规定："专门人民法院包括军事法院和海事法院、知识产权法院、金融法院等。专门人民法院的设置、组织、职权和法官任免，由全国人民代表大会常务委员会规定。"这些虽然没有突破我国四级法院的建制，但对我国审级制度和四级法院功能定位必然带来深远影响。

二、四级两审制中的职能定位问题

人民法院的职能定位与法院体制和审级设置紧密相连。我国法院的级别设置为四级，完全与行政区划相联系，即（区）县一级设置相应的基层人民法院，（地）市一级设置中级人民法院，（自治区、直辖市）省一级设置高级人民法院，中央一级设置最高人民法院。根据"三大诉讼法"[1]，每一级法院都可以作为初审机关。一个案件，一般经过两级人民法院审理即告终结。有学者对这种制度提出激烈的批评，认为这是一种柱形结构的司法等级制。"自塔基至塔顶，各级法院的价值目标、职能配置及运作方式几乎没有分别，每一级法院都可以受理一审案件，同时都可以作为终审法院（自中级法院开始）；每一级法院、每一级程序都追求同一个目标，即个案的实质公正；当事人在不同审级享有几乎完全相同的程序权利；每一级法院、每一级程序都有权全面审理事实问题和法律问题，有权直接传唤当事人和证据并重新调查事实，有权根据自己查明的事实做出判决。"[2]诚然，这种司法等级制度没有职能分层，已经失去程序结构意义上的

---

[1] "三大诉讼法"指《中华人民共和国刑事诉讼法》（以下简称《刑事诉讼法》）、《中华人民共和国民事诉讼法》（以下简称《民事诉讼法》）和《中华人民共和国行政诉讼法》。

[2] 傅郁林："审级制度的建构原理——从民事程序视角的比较分析"，载《中国社会科学》2002 年第 4 期。

"审级"的价值，多一级法院只是增加一层行政级别而已。

从国外的立法和理论来看，一般管辖权法院普遍实行三级或四级结构下的职能分层，呈现出一种金字塔形的程序设计。"设计的一般原理是，越靠近塔顶的程序在制定政策和服务于公共目的方面的功能越强，越靠近塔基的程序在直接解决纠纷和服务于私人目的方面的功能越强。"[1]上下级法院职能分层明确，各司其职、各尽其责，从而形成科学合理的法院等级制度。为了维护司法的独立性、实现法律的公正、促进司法的效率、节约诉讼成本和方便民众进行诉讼，有必要对现有的司法等级制度进行改革和完善，确保各级法院公正科学合理高效地发挥各自的职能。

（一）四级法院的职能定位

1. 基层人民法院的职能

按照《人民法院组织法》的规定，基层人民法院包括：县、自治县人民法院；不设区的市人民法院；市辖区人民法院。基层人民法院审理第一审案件，法律另有规定的除外。基层人民法院对人民调解委员会的调解工作进行业务指导。基层人民法院根据地区、人口和案件情况，可以设立若干人民法庭。人民法庭是基层人民法院的组成部分，人民法庭的判决和裁定即基层人民法院的判决和裁定。

"基层人民法院属于初审法院的一种，主要采用独任制方式审理案件。"[2]实践中，基层人民法院受理的案件占全国法院案件总量的85%以上[3]。而在沿海发达地区和一些大城市，基层人民法院审理

---

[1] 傅郁林："审级制度的建构原理——从民事程序视角的比较分析"，载《中国社会科学》2002年第4期。

[2] 毕玉谦："我国各级法院的职能定位与审级制度的重构"，载《中国司法》2005年第8期。

[3] 最高人民法院办公厅关于印发《2017年全国法院审判执行工作情况通报》的通知。

案件的比重远高于全国的平均值。可以说，在全国范围内，基层人民法院已经成为化解矛盾纠纷的主体。

除了发挥审判职能，把矛盾、纠纷化解在基层之外，《人民法院组织法》还赋予了基层人民法院"对人民调解委员会的调解工作进行业务指导"的职能，要求人民法院运用自身的经验和优势，把矛盾彻底化解在基层，成为把矛盾化解在萌芽状态的"第一道防线"。

2. 中级人民法院的职能

按照《人民法院组织法》的规定，中级人民法院审理下列案件：①法律规定由其管辖的第一审案件；②基层人民法院报请审理的第一审案件；③上级人民法院指定管辖的第一审案件；④对基层人民法院判决和裁定的上诉、抗诉案件；⑤按照审判监督程序提起的再审案件。"三大诉讼法"均对中级人民法院有权受理的第一审案件及其他案件作了明确规定。

由此可知，中级人民法院是我国当前法院体制中承上启下的重要一环，依照宪法、法律行使着许多职权职责。中级人民法院对其有管辖权的民事、刑事、行政等案件依法行使审判权，依法审判不服基层人民法院判决、裁定的上诉和抗诉案件，依法审理按照审判监督程序提起的再审案件等。除了审判职能，中级人民法院还要监督、指导基层人民法院的审判工作等。

3. 高级人民法院的职能

按照《人民法院组织法》的规定，高级人民法院审理下列案件：①法律规定由其管辖的第一审案件；②下级人民法院报请审理的第一审案件；③最高人民法院指定管辖的第一审案件；④对中级人民法院判决和裁定的上诉、抗诉案件；⑤按照审判监督程序提起的再审案件；⑥中级人民法院报请复核的死刑案件。

根据法律的规定，高级人民法院要对一些一审案件行使审判权，依法审判不服下级人民法院判决和裁定的上诉和抗诉案件以及按照审判监督程序提起的再审案件等。高级人民法院作为本辖区内级别最高的法院，还要监督、指导下级人民法院的审判工作，统一区域司法的适用和对下级法院的监督等工作。

4. 最高人民法院的职能

按照《人民法院组织法》的规定，最高人民法院是最高审判机关。最高人民法院监督地方各级人民法院和专门人民法院的审判工作。最高人民法院审理下列案件：①法律规定由其管辖的和其认为应当由自己管辖的第一审案件；②对高级人民法院判决和裁定的上诉、抗诉案件；③按照全国人民代表大会常务委员会的规定提起的上诉、抗诉案件；④按照审判监督程序提起的再审案件；⑤高级人民法院报请核准的死刑案件。死刑除依法由最高人民法院判决的以外，应当报请最高人民法院核准。《人民法院组织法》第18条还规定："最高人民法院可以对属于审判工作中具体应用法律的问题进行解释。最高人民法院可以发布指导性案例。"可见，最高人民法院的职能主要有两个：一个是作为最高审判机关，审理一审、上诉、抗诉、再审以及死刑复核等案件；另一个是监督下级法院的审判工作。

(二) 四级法院职能定位存在的问题

如上所述，当前我国法院职能的设置，主要围绕审级分工的不同而展开，造成了上下级法院职能的重叠模糊，定位不清。主要表现为：

1. 职能重合类同，呈现出同质化特征

从审判职能上区分，国外的法院组织通常由初审法院、上诉法院与最高法院组成。其中，初审法院负责事实审与法律审；上诉法院负责法律审，或只在极为特殊的情况下，进行有限的事实审；而最高法院仅负责法律审,上诉采许可制,即对审理什么样的案件,最高法院有自主选择权[1]。在我国,无论一审、二审、再审还是复核审,各级法院均贯彻全面审理原则,既审查事实问题,也审查法律问题。除了法律规定必须由最高人民法院审理的案件,经由案件请示等渠道,任何种类、标的额的案件,都可能由最高人民法院处理。上下级法院的审理模式也高度"同质化",至多是开庭或不开庭的区别。因此,我国并没有严格意义上的上诉法院,只有上级法院与下级法院之分[2]。以审级区分法院而非功能区分不同级别的法院,对审判实践造成了负面影响。

2. 上下级法院间行政化管理特征明显

依照《人民法院组织法》的有关规定,人民法院依照法律规定独立行使审判权,下级法院的审判工作受到上级法院监督,上、下级法院之间并不存在隶属关系和任何行政关系。但在实际工作中,上下级法院之间除审级监督关系外,还存在着一定的行政监督关系和行政指导关系。上级法院也在一定程度上指导下级法院的工作。在各种行政化的体制的影响下,下级法院在审理案件时常常会像下级行政机关对待上级行政机关那样对待上级法院,下级法院在审判实践中经常遇到法律规定不明确、涉及较大社会影响和政治问题以及事实关系较复杂的问题,这时下级法院往往会向上级法院请示,并按照上级法院的回复意见处理争讼问题。在案件处理方面,最高人民法院还经常对地方各级人民法院上报的针对某些具体案件的请示给予批复,而地方各级人民法院把最高人民法院的批复当作案件审判的依据。可见,四级

---

[1] 傅郁林:《民事司法制度的功能与结构》,北京大学出版社2006年版,第3页以下。

[2] 何帆:"论上下级法院的职权配置——以四级法院职能定位为视角",载《法律适用》2012年第8期。

法院的功能同质、角色混同，使得法院之间的行政级别被过度强调，上级法院演变为"领导"，下级法院退化为"员工"，司法关系异化为行政关系。从而导致无论是自下而上层面的案件请示、重大事项提前报批、案件内审，还是自上而下层面的提前介入、挂牌督办，都近似于半行政化的操作模式。[1]

因上述的职能不清和行政化管理特征，给审判实践造成了负面影响：

第一，影响了管辖的明确和稳定。长期以来，在受理案件的审级管辖上我国各级法院之间缺乏明确的分工。"三大诉讼法"均规定高级人民法院管辖辖区内重大、复杂的第一审案件，但何谓"重大、复杂"在实践中难以把握。《刑事诉讼法》规定级别管辖采用的是"三结合"标准，即以案件的性质、繁简程度和影响范围作为确定级别管辖的标准。虽然该标准比较周全、富有相当大的弹性，有其合理之处，但弊端是缺乏确定性和稳定性，在实践中容易流于形式。案件的繁简程度与当事人之间的事实争点与法律争点有直接联系，须等到法院受理案件后才能确定，在当事人起诉至法院受理案件之前，法院不可能了解案件的繁简问题。案件的影响范围往往是在案件审理过程中逐渐显现的，在案件受理之时通常只能做出初步判断，不一定符合案件的实际，"在本辖区内有重大影响"缺乏具体量化标准，只能依靠主观的判断。

基层人民法院作为初审法院的功能定位不明确，中级人民法院与高级人民法院在审级制度上的功能定位也不明确，四级法院不同程度地拥有一审案件管辖权。各级法院之间没有严格意义上的初审法院和

---

〔1〕 何帆："论上下级法院的职权配置——以四级法院职能定位为视角"，载《法律适用》2012年第8期。

上诉审法院的职能区分，只有上级法院和下级法院的级别区分。由此带来了两个方面的问题：一方面，尽管我国相关诉讼法对各级人民法院管辖的一审案件进行了分工，但其对确定级别管辖的标准之规定并不确切。另外，因为我国法院体系设置和行政区划密切相关，基层人民法院和中级人民法院、中级人民法院和高级人民法院常常属于同一地区，在民事案件和行政案件中，当事人往往会不清楚向哪一级人民法院起诉，在一定程度上增加了诉讼的难度。另一方面，这种设置为当事人选择有利的诉讼管辖创造了条件，为当事人规避法律提供了可能，有悖于制度设立之初衷。

第二，影响了基层人民法院化解矛盾的功能。基层人民法院的作用发挥如何，直接影响到矛盾纠纷化解的及时性和有效性。但是，目前从全国范围内来看，一审判决公信力普遍不高，一审案件上诉率高、案结事不了的现象普遍存在。

一审案件上诉率较高，从表面上看，主要是源于两方面的因素：其一，法院在查明事实、适用法律以及释法息诉方面的工作不到位，引发当事人对一审裁判的不信任而提起上诉；其二，部分当事人将提起上诉作为诉讼技巧使用，以达到拖延诉讼时间等不正当的目的。但是，从诉讼制度的深层次设计上来考察，现有的审级制度在确保一审裁判的质量方面存在一定的缺陷。一方面，人民法院被视为矛盾纠纷的最后解决平台，大量难以通过司法途径解决或不适宜通过司法解决的矛盾纠纷不经甄别即进入诉讼领域，一审难以彻底地解决问题；另一方面，二审法院对上诉案件，不仅进行法律审，还要进行事实审，以致许多当事人不重视一审程序，还有的当事人为了规避某些不利因素，在一审的时候，有意不提出某些可能存在争议的证据，而通过上诉提出这类证据，从而获得有利于自己的终审判决。这些问题都在一定程度上影响了一审裁判的可靠性和公信力，阻碍了通过一次审判即达到"案结事了"目标的实现。

第三，影响了上级法院监督指导职能的发挥。根据相关法律的规定，四级法院都有第一审案件管辖权，这样的规定导致在案件的裁判标准把握上，由于不同的审级视野而产生更大的不一致性。随着我国经济的快速增长和案件数量的不断上升，我国现行的审级制度的局限性也日益明显，主要表现在两个方面：一是各级法院审级功能不明确，不同审级法院的职能同质化，中、高级人民法院均可以作为初审法院，同时又是终审法院，集指导办案与自身办案的功能于一身；二是各级法院审级功能的同质化又导致中、高级人民法院监督功能的异化，出现中级人民法院"终审不终"、高级人民法院"再审难审"的现象，审判监督程序对两审终审、审级较少的补偏救济作用未能得到充分发挥。

由于中、高级人民法院和最高人民法院均直接管辖第一审案件，特别是对于高级人民法院和最高人民法院而言，案件的压力过大会在一定程度上影响其审判监督、调研指导、制定政策决策等方面职能的发挥。

三、四级法院的职能定位展望

最高人民法院《关于全面深化人民法院改革的意见——人民法院第四个五年改革纲要（2014—2018）》提出，"建立中国特色社会主义审判权力运行体系，必须优化人民法院内部职权配置，健全立案、审判、执行、审判监督各环节之间的相互制约和相互衔接机制，充分发挥一审、二审和再审的不同职能，确保审级独立。到2016年底，形成定位科学、职能明确、运行有效的法院职权配置模式。"按照这一思路，四级法院职能定位应做如下安排：

(一) 四级法院职能定位原则

由于四级法院的角色定位在很大程度上就是依据审级制度对不同级别的法院进行相应的分工,必须符合审级制度的以下建构原则。

第一,职能定位应反映不同法院在审级中的特点。例如,中级人民法院作为二审法院,相比高级人民法院、最高人民法院,更能对基层人民法院产生约束作用。上诉制度对基层人民法院施加了现实和潜在的压力,当事人的诉权借助上诉制度有效地制约了基层人民法院的审判权行使,"迫使"基层人民法院查清事实,依法裁判。上诉制度功能的发挥,需要中级人民法院发挥其依法纠错职能,并保持与基层人民法院的审级独立关系。同时,中级人民法院有必要审理相当数量的一审案件,因为中级人民法院在审理一审案件中,除有与基层人民法院相同的职能,即解决个案矛盾纠纷外,还因自己更强的专业性,可承担示范审理和积累类案审判经验的职能,通过公开、规范、严谨的审判程序,为辖区法院的审理提供借鉴和样本。

第二,职能定位应符合司法规律。法院职能定位应有助于司法统一性、正确性、正当性、终局性、权威性等价值目标的实现。具体到中、高级人民法院的职能定位,一是要去除审级监督指导的行政化趋势,剔除掺杂在审判监督权中的行政管理因素,还原审级监督权的本原;二是监督指导的方式应当有法可依、公开透明;三是应及时完善相关立法,为一审打造坚实的事实审提供法律依据和保障,同时明确二审审理的方式和原则,确立法律真实的标准,正确对待法律真实与客观真实的差异,在二审中体现审理重点的侧重,体现中级人民法院的审级特点。

第三,职能定位应体现功能分层在审级制度建构中的作用,需要在不同层级的法院之间就服务于私人目的与公共目的进行一定的平衡。一般而言,级别越高的法院在制定宏观政策和服务于公共目的方面的功能越强,级别越低的法院在解决具体纠纷和服务于私人目的方面的功能越强。这是因为,法院的级别越高,其视野越宏观、宽广,掌握的政策资源越丰富;而级别较低的法院处理问题的方式更灵活,解决问题的经验更多样。

第四,职能定位应符合我国国情及政治体制。例如,在国外,因政治体制的原因,有的国家最高法院还拥有司法审查权。《日本国宪法》第81条规定:最高法院是拥有决定一切法律、法令、规则或处分是否符合宪法权限的终审法院。因此,日本一般国民期待最高法院能通过行使违宪审查权,发挥"宪法守护人"和"人权保护最后屏障"的作用。与日本不同,我国最高人民法院没有违宪审查权。这是在确定最高人民法院职能时首先应当注意的问题。

(二)基层人民法院的职能定位——明断是非、定分止争

1. 基层人民法院职能定位

司法制度是有关国家机关和法律授权的专门组织应用法律处理各类诉讼案件的制度,司法制度的核心是审判,审判的首要任务是纠纷的解决。因此,法院通过审判活动对事实加以判断,对法律加以适用,从而定分止争,这是法院最基本、最直接的角色定位。[1]"三大诉讼法"规定的法院的审判职能大抵有三种:一是审理民事案件,解决民事纠纷;二是审理刑事案件,判决刑事犯罪;三是审理行政案件,解决行政纠纷。从全国范围来看,绝大多数一审案件由基层人民法院审理,因此基层人民法院应把职能定位为解决纠纷。

从国外的经验来看,绝大多数国家也是把一审案件交给下级法院管辖。西方发达国家一审民商事案件的管辖权有下列特点:其一,有

---

[1] 倪寿明:"人民法院在推进社会管理创新中的职能定位",载《人民司法》2010年第3期。

的国家设立级别管辖制度（如德国、英国），但原则上只在低等级的法院之间进行一审民事案件管辖的分配，高等法院不作为民事案件的一审法院。其二，部分国家不设立级别管辖制度（如日本、法国、美国），但性质不同或不同重要性的民事一审案件在同一等级但作用不同的法院之间进行分配。"总之，在发达国家，民事案件的一审基本上由初级法院管辖，高级法院一般不管辖一审民事案件，立法上淡化级别管辖的划分。"[1]这样就在不同审级法院之间形成了明确的分工：一审法院主要认定事实、适用法律解决民事纠纷；上诉法院的主要职责是保证下级法院正确、统一解释和适用法律。因此，关于基层人民法院"明断是非、定分止争"的职能定位，除突出法院在化解纠纷方面的功能外，还要强化基层人民法院"事实审"的作用，力争通过第一审程序将案件事实进行"法律固定"，从而减少甚至消除上诉审中对事实的纠葛。

2. 完善基层人民法院职能定位的建议

基层人民法院的主要功能在于"具体性地解决纠纷"，而且要追求"法律效果"和"社会效果"的统一。为了更好地发挥基层人民法院的功能，审视当前的审判制度，应做如下制度改变。

（1）全面审理一审案件

传统上，区分不同级别法院审理一审案件的类型，主要是两个标准：一是诉讼标的额，二是案件重大程度。在社会经济快速发展的过程中，诉讼标的额显然已经不能成为衡量案件疑难程度的标准。因此，应逐步放弃以诉讼标的额作为案件级别管辖的标准。此外，在案件的审理上，应当突出事实审的作用，通过打造坚实的事实审，发挥一审

---

[1] 潘剑锋：" 第一审民事案件原则上应由基层法院统一行使管辖权"，载《法律适用》2007 年第 6 期。

查明事实的作用,着力提升一审质量,为二审创造良好的基础。[1]

(2) 快速处理案件

基层人民法院要尽量提升司法效率,通过简化诉讼程序、案件繁简分流、完善小额诉讼速裁机制等措施,实现案件的高效、公正处理。

(3) 多元化解决纠纷

基层人民法院案件具有基数大、案情相对简单、纠纷争议相对较小的特点。为突出基层人民法院快速处理纠纷的优势,必须高度重视通过诉前调解解决纠纷,这就需要充分借助社会纠纷化解力量,积极参与多元化纠纷解决机制建设,将更多的矛盾彻底化解在基层。

(三) 中级人民法院的职能定位——重在解决事实、法律争议,实现二审终审

1. 中级人民法院职能定位

传统的认识将法院的角色定位在纠纷的解决上,法院是社会秩序的守护者,是各种利益要求和利益冲突的平衡者,是公共利益和国家利益的代表者。在现代国家,法院在社会管理中的角色越来越重要,用司法决策规制社会生活的实践越来越普遍,法院不仅要履行传统的解决纠纷的职能,而且要调控社会秩序、实施权力制约、制定社会政策。[2]在现代法治国家,法院的职能分层越来越细化,每一级法院应该具有明确的职能定位,从而形成一个完美发挥司法功能的统一有机体。

中级人民法院的基本职能究竟是落实和形成规则 (普遍性地解决问题),还是解决纠纷 (具体性地解决问题)? 或者在两者不可偏

---

[1] 参见王庆廷:"四级人民法院的角色定位及功能配置",载《中州学刊》2015 年第 5 期。

[2] 倪寿明:"人民法院在推进社会管理创新中的职能定位",载《人民司法》2010 年第 3 期。

废的情况下以何为重，并将向哪个方向发展？有法官认为，虽然现代司法的理想是通过司法实现现代意义上的法治——规则之治，但现代社会对规则的确认并不是或不仅仅是一种规范性要求，而是一个有一定过程的实践问题。也许在不久的将来，伴随着依照法律规定独立行使审判权的逐步实现、审级制度的实质突破，我们会在四级法院体制中真正实现规则化的纠纷解决，但至少现在我们应该更多地考虑纠纷如何解决。[1]

中级人民法院处于我国金字塔型法院架构中间的塔腰位置，是作为指导性司法机构的最高人民法院、高级人民法院与作为审判性司法机构的基层人民法院之间的桥梁，起着承上启下的枢纽作用。"三大诉讼法"均明确规定了中级人民法院一审案件的管辖范围，尽管在民商事领域，基层人民法院一审案件管辖范围不断扩大，但中级人民法院仍然是部分案件的一审管辖法院，承担着一审审判职能。

2. 完善中级人民法院功能定位的建议

中级人民法院的审级功能定位于二审，重在解决事实法律争议、实现二审终审，符合中级人民法院的审判实践和案件特点，具有配套的制度支撑，符合中级人民法院自身特点的要求。为了实现其功能定位的目标，应当使中级人民法院回归到审级制度的本位，从而真正实现依法纠错、终审裁判。同时，再审法院的"有错必究"职能定位虽然看起来包括对事实问题和法律问题两方面的错误都要予以纠正，但从四级法院功能的系统观点来看，再审法院应当侧重于甚至限于纠正法律方面的错误，否则一审、二审的事实确定功能将因再审环节定位不准而遭废弃或削弱，最终会影响司法制度的整体功能。

---

[1] 黄勤武："中级法院民事二审审判职能冲突之协调"，载《法律适用》2007年第9期。

(1) 依法改发案件，确保终审质量

审判质量是维护终审判决司法权威的根基，审判活动只有按照审判规律进行，才能真正发挥审判权的功能。中级人民法院作为上诉审法院，承担着监督基层人民法院判决的职责。中级人民法院通过对上诉案件的审理，可以发现基层人民法院在认定事实、适用法律和审判作风中存在的问题，帮助基层人民法院总结审判工作经验，提高审判工作水平和办案质量。因为我国的上诉审实行全面审查原则，所以在第二审程序中，纠正错误裁判的目的比较突出。中级人民法院不仅要完成与基层人民法院同样的任务，而且担负着监督检查下级法院审判工作的任务，以保证审判活动的合法性和正确性。

(2) 强化二审公开，保障上诉权利

法律为当事人提供了不同层级的救济渠道，这些救济渠道是当事人释放不满、化解矛盾的合法通道，承载着当事人对程序权利的寄托。为了保障二审终审的实效性，首先应当保护当事人的诉讼权利，保障判决结果的正当性。"三大诉讼法"以及《人民法院组织法》均把司法公开作为审判的基本制度[1]。司法公开是近代思想家对审判提出的一个理性要求，既反映了诉讼公正的一般要求，也体现了诉讼民主的价值。针对封建时代的不公开审判，著名法理学家贝卡利亚认为，审判公开化是防止私欲和暴力的有效手段。现代诉讼机制下，公开审判已经被视为一种当然的并在各类诉讼中通用的基本审判制度。[2]为了使二审终审结果更具有信服力，当事人的参与权、质证权、抗辩权、知情权等权利应得到进一步保障，让当事人在二审中更

---

[1] 2018年10月26日新修订的《人民法院组织法》第7条规定："人民法院实行司法公开，法律另有规定的除外。"

[2] 江伟主编：《民事诉讼法学》（第二版），复旦大学出版社2010年版，第108页。

充分地行使其诉讼权利，二审原则上都应当开庭审理，只有在特殊的情况下允许不开庭审理。

（3）完善指导程序，理顺上下关系

上下级法院之间的关系，监督还是领导或是监督与领导混合争议不断，但在审判工作或者说是业务工作方面属于监督关系是明确无误的。[1]具体到审判实践中，上下级法院的业务监督关系过度化、扩大化甚至演变成"领导关系"却是不争的事实。审级独立是审判权运行客观规律的内在要求，合理配置上下级法院的职权，有利于维护上下级法院之间的审级独立。审级独立的要求是下级法院在裁判过程中，不受来自上级法院的影响和干预，审级独立的受益者不是法院自身，而是寻求司法救济的当事人和社会公众。中级人民法院与基层人民法院在业务上有监督指导关系，但在实践中这种监督指导关系常常被扭曲成"领导"关系。界定清楚中级人民法院和基层人民法院在审判业务上的监督指导关系，不仅为基层人民法院依法独立公正行使审判权提供了充分保障，也有利于中级人民法院二审终审功能的正确发挥。

（4）集中管辖，专案专审

党的十八届四中全会提出"探索设立跨行政区划的人民法院"。2014年底，中央全面深化改革领导小组第七次会议审议通过了《设立跨行政区划人民法院、人民检察院试点方案》，随后，首批两家跨区划法院——上海市第三中级人民法院和北京市第四中级人民法院相继成立。跨行政区划法院的成立，不仅是案件管辖领域的变革，同时，也对中级人民法院赋予了新的职能定位。此外，按照《中共中

---

[1] 王洪坚："上下级法院业务关系：从单向监督到双向制约——对二审裁判权运行的思考"，载万鄂湘主编：《审判权运行与行政法适用问题研究：全国法院第22届学术讨论会论文集》（上），人民法院出版社2011年版。

央关于全面深化改革若干重大问题的决定》"加强知识产权运用和保护，健全技术创新激励机制，探索建立知识产权法院"的精神和全国人大常委会的决定，2014年，北京、上海、广州等地知识产权法院相继成立。2018年3月28日，中央全面深化改革委员会第一次会议审议通过了《关于设立上海金融法院的方案》，设立上海金融法院。2018年8月20日，全国首家金融法院在上海成立。这一系列的改革思路，凸显了中级人民法院专案专审的职能，使得中级人民法院成为集中审理某类案件的中坚力量。

(四) 高级人民法院的职能定位——统一裁判尺度、依法纠错

1. 高级人民法院职能定位

在四级法院的职能定位中，高级人民法院由于地位较为特殊，是最高人民法院之下第一层级的下级法院，同时又是辖区内中级人民法院、基层人民法院的上级法院，具有承上启下的枢纽作用。科学确定高级人民法院的职能定位，既要遵循司法规律，保持高级人民法院与下级法院之间审判上的相互独立，又要注重发挥高级人民法院在四级两审终审制法院体系中的特殊作用，还要考虑到上下级法院整体性、各级人民法院法官职业共同体的管理需求。

高级人民法院作为案件的初审法院饱受质疑，存在以下弊端：其一，一些省、自治区由于地域辽阔、交通不便，由高级人民法院作为一审法院，主要从事普通程序的开庭审理，加重了当事人的诉讼成本、耗费了大量的时间；其二，无助于使高级人民法院本身将主要精力放在上诉案件的审理上，加重其审判负担；其三，使高级人民法院同时就"事实审"与"法律审"承担上诉审职能，不仅增加了当事人的诉讼成本，还使得高级人民法院沦为办案机器，无暇集中主要精力在及时发现问题、总结审判经验，加强整个法院系统审判工作的宏

观指导，统一区域司法的适用上。[1]

有学者认为，高级人民法院的核心职能应是"通过纠正法律适用错误而保障法律执行的正确性，通过将存在程序瑕疵和需要调查证据的事实错误的案件发回重审而实施监督，通过自审和更正裁判结果错误而提供救济。"[2]还有学者认为"将最高法院和高级法院设置为负责法律适用的机构，专门审查法律适用的统一性，惟法律是从，彰显法律的权威而摆脱事实问题的泥淖。"[3]这些观点为高级人民法院职能的定位提供了有价值的参考。尽管"三大诉讼法"均规定了高级人民法院有一审案件管辖权，但高级人民法院应当从对个案公正的追求中解放出来，即不再保障个案适用法律及认定事实的正确性。高级人民法院应当弱化纠纷解决职能，而在审判监督和调研指导方面承担更多职能，由目前的数种职能并重转向以审判监督和调研指导功能为主，兼顾其他职能。

除以再审程序承担审判职能外，高级人民法院将主要通过上诉程序实现监督职能。随着级别管辖的进一步调整，中级人民法院的一审案件无论从数量上或类型上都将发生重要变化，成为更加重要、规范和专业的一审法院。相应地，高级人民法院作为这些案件的二审法院，必须以上诉程序担当起审判监督的重任，在普通案件中真正实现"两审终审"。

---

[1] 毕玉谦："我国各级法院的职能定位与审级制度的重构"，载《中国司法》2005年第8期。

[2] 傅郁林："司法职能分层目标下的高层法院职能转型——以民事再审级别管辖裁量权的行使为契机"，载《清华法学》2009年第5期。

[3] 肖建国："民事诉讼级别管辖制度的重构"，载《法律适用》2007年第6期。

2. 完善高级人民法院职能定位的建议

(1) 高级人民法院不再管辖一审案件

高级人民法院不适宜管辖第一审案件基于以下理由：其一，我国实行两审终审制度，即一个案件经过两级人民法院的审理就告终结。高级人民法院审理的一审案件，当事人有权利上诉，上级法院对上诉案件进行审理时，不仅要进行法律审，还要进行事实审。在最高人民法院已经收回死刑核准权的时代背景下，这无疑会增加最高人民法院的工作负担，不利于其统一法律适用与形成社会政策功能的发挥。其二，2007 年《民事诉讼法》修正后，绝大部分再审申请都将涌向上级法院——基层人民法院终审判决的案件走向中级人民法院，中级人民法院终审判决的案件走向高级人民法院，高级人民法院终审判决的案件走向最高人民法院。2012 年《民事诉讼法》又将这一规定修改为："当事人对已经发生法律效力的判决、裁定，认为有错误的，可以向上一级人民法院申请再审；当事人一方人数众多或者当事人双方为公民的案件，也可以向原审人民法院申请再审。"不再强制性要求"申请再审上提一级"，做出这一修改的目的主要在于该规定恰恰导致了上级法院特别是高级人民法院和最高人民法院受理的申请再审案件增多，导致质量效率难以充分保证。如果说，法律明确规定了对高级人民法院再审案件"减负"，那么，针对一审案件的"减负"则更在情理之中。

(2) 明确高级人民法院再审法院的地位

2012 年《民事诉讼法》修改，将 2007 年修正的《民事诉讼法》规定的"再审上提一级"淡化，不再要求全部"上提一级"，而是区分情况，将选择权交给当事人。虽然表面上似乎降低了对高级人民法院审理再审案件的要求，但从根本上却是要求高级人民法院提升再审监督的质量和效率，强化审判监督职能，避免将过多的精力浪费在一般的再审案件上。

（3）注重高级人民法院调研指导功能

调研指导功能侧重于对审判规律的总结，统一裁判尺度，并推广先进的创新型工作机制。近年来，随着我国社会形势的深刻变化，法治建设进程的加快，社会矛盾的多元化、集中化的特征日益凸显，人民法院受理案件呈现出复杂化、类型化的特点，相关法律空白、法律冲突以及法律适用上的认识差异对准确适用法律、统一执法制度造成了不利影响。各高级人民法院都应当通过积极探索，制定规范性指导意见、发布典型案例，推动区域内裁判尺度的统一。

此外，党的十八届三中全会提出推动省级以下地方法院、检察院人财物统一管理，虽然目前各地法院具体改革思路和措施并不完全一致，但高级人民法院将承担更多的司法行政职能显然不可避免。

（五）最高人民法院职能定位——制定规则、统一法制

最高人民法院设立巡回法庭，实际上就是认识到了最高人民法院审理案件和其他职能之间的冲突，而采取某种特殊的方式，将审理案件的功能在一定程度上予以剥离，从而更好地实现最高人民法院制定规则、统一法制的职能。因考察角度不同，最高人民法院可从三个方面定义：一是最高人民法院在国家政治结构中的特定地位；二是最高人民法院在一个国家权力体系中的特定功能；三是最高人民法院本身的结构和功能。可以说，最高人民法院是上述三方面的综合体，由此决定了最高人民法院职能性质的多样。首先，最高人民法院作为一个政治性机构，是一国中央政府权力体系中履行国家司法职能的重要组成部分，在"三权分立"制国家，其职权与立法权和行政权相区分。在我国，维护国家法制统一、尊严、权威，切实保证宪法、法律有效实施，是最高人民法院自身的使命。而要实现这一点，必然要强调最高人民法院在一国法治中的政治性功能，其中主要是权力制约功能和

公共政策形成功能。这就必须要赋予最高人民法院必要的司法审查权。虽然我国对于最高人民法院司法审查职能一直持谨慎态度，但在实践中，司法审查权一直处于不断扩张的状态。而司法审查权扩张至最后，也将促使违宪审查权的形成。最高人民法院也将在建设法治中国过程中发挥更加重要的作用。其次，最高人民法院在一国司法体系中居于最高位阶，不同于低级别的法院。由最高人民法院处理的纠纷，必然是具有重大司法裁判示范和引导价值的纠纷。目前，最高人民法院已经建立了案例指导制度，通过发布专门的指导性案例指导类案审判。新修订的《人民法院组织法》也规定，最高人民法院可以发布指导性案例。可见，随着新修订的《人民法院组织法》的实施和最高人民法院审判权最高位阶地位的不断彰显，最高人民法院的判决将直接成为指导性案例，供全国法院比照适用。最后，最高人民法院为实现上述两个功能，会衍生出制定规则的功能。因此，最高人民法院作为我国的最高审判机关，其未来的发展方向应当在纠错型法院的基础上逐步向统一法律适用型法院发展。最高人民法院的主要工作则是通过审理具有普遍法律适用意义的案件、发布司法解释和指导性案例，创制政策和规则，维护法制统一。至于最高人民法院所肩负的政治职能，则需要在最高人民法院体制之外，通过完善国家政治制度体制的方式确立。

范跃如法官总结发言：

刚才给同学们汇报的主要是一个介绍性质的内容。特别是结合北京法院谈到的四级法院一些不同的审级的特点，包括不同的职能定位，其实我主要是想引起大家对诉讼法的兴趣、对法院的兴趣，特别是对法院基本情况的了解。希望通过这期讲座，大家能对四级法院的职能有更多的印象，能对四级法院职能研究有更多的兴趣。谢谢大家!

法学院郑文科副院长总结发言:

在接下来的自由交流环节当中,关于司法改革的过程有什么疑问的,可以与范法官进行一个简单的探讨。大家看看有没有需要交流的,你想了解却不知道的信息,当然是公开的信息,不是审判秘密,可以提出来一块交流。现在法院司法改革实际上主要有三个趋势,第一个就是信息化的审判建设,我们说互联网法院立案、审案全在网上,包括司法文书全部通过网络送达等,将信息化建设纳入法院工作,既是司法工作的客观需要,也是信息时代的现实要求。如果你没有到法院内部体验这种工作,你对法院的信息化建设就很难理解。第二个就是团队化审理案件,也就是现在法院在审理案件的过程中,以团队的方式进行,一个法官为主要负责人,再加上几个审判辅助人员和书记员,以及其他的助理审判员组成一个团队,如果案子出了问题由主审法官终身负责,这是一个团队化的建设方向。第三个就是案件审理的精细化越来越明显,这一部分刚才范法官也给我们讲到了,法院的案件审理量特别大,主要通过速裁、调解等方式将很多小的案件化解掉,简化司法程序,避免司法资源浪费。这三个方面的改革,现在在我们国家各个城市的法院被推行,特别是在北京市的这些法院。

今天范法官抽出宝贵的时间来给我们讲课,他所讲的内容可以概括为三方面:第一个是时代性,他是站在司法改革的浪潮中来跟我们讲我们国家的四级法院职能定位这一司法改革的一些具体做法,并不是一个简单的理论上的介绍。第二个是专业性,他本身在法院工作几十年,从基层人民法院,然后到高级人民法院,一直从事审判工作或综合性审判业务工作,发表了很多文章,所以说不管实践还是理论,做得都非常好。今天他是从一个真正懂、真正了解的专业人士的角度来给大家介绍的。第三个是理论和实践相结合。他虽然说借鉴了很多比较权威的法学专家的观点，用来阐述一些实际做法的理论依据，但他自己在诉讼法这一领域的研究也是很深入的，出版了很多专著。所以通过这一次讲座，希望大家能够有所收获、开阔视野。我们再次对范法官表示感谢，今天的讲座到此结束。

关于电子商务合同纠纷法律适用的问题

主讲人：刘茵（北京市第三中级人民法院民二庭）
时　间：2018年11月30日（星期五）13：30~15：00
地　点：博远楼1号会议室
举办方：法学院
主持人：法学院副院长　郑文科

关于电子商务合同纠纷法律适用的问题

演讲内容：

咱们今天主要讲一下关于电子商务合同纠纷法律适用的问题。电子商务合同纠纷涉及的范围是非常广泛的，既包含电子商务平台、平台经营者，也包含平台经营者和电子商务经营者和消费者之间的不同领域的问题。今天主要是从消费者权益保护的视角来探讨一下关于电子商务的法律适用问题。之所以选择这个视角，是因为咱们都是电子商务合同项下的普通消费者，相信大家都有在淘宝、京东、美团等平台进行过消费。那么个人作为普通消费者如何进行维权，包括将来有些同学毕业以后，可能会去一些比较大的电子商务平台做法务，在某些方面，如何能够既维护消费者的权益，又不损害平台经营者的利益，是需要我们去考虑的问题。

《中华人民共和国电子商务法》（以下简称《电子商务法》）是从 2019 年 1 月 1 日起正式实施的。该法实施之前，虽然电子商务对大家生活的影响非常大，尤其像淘宝或京东这种大的网络购物平台，但实际上一直没有特别正规或正式的法律去规范或调整它，所以有必要对电子商务领域方面的法律进行深入研究。那么如何从消费者的角度来考虑关于电子商务合同纠纷的这些问题？

先看一个最基本的案例，这个案例当时也是非常有名的，是关于离职空姐海外代购的走私案。

2008 年，离职空姐李某和男友石某开了一家名叫"空姐小店的化妆品"的淘宝店铺，主要是销售化妆品。2010 年，中国海关制定了一个新的政策，将个人邮寄物品的进口应征关税起点从 500 元下调到50元。李某在2008年至2010年间从无申报携带相应的化妆品入境通道,均未向海关进行相应的申报。2011年8月31日,李某从韩国到达首都机场后被抓捕,以走私普通货物罪被提起公诉。2012年9月3日,一审法院以走私普通货物罪判处李某有期徒刑11年。

2013年,北京市高级人民法院认为一审判决认定事实不清,证据不足,发回北京市第二中级人民法院进行重审。2013年10月9日,北京市第二中级人民法院再次开庭审理,判决结果是李某被判处有期徒刑3年。2014年3月,北京市高级人民法院维持北京市第二中级人民法院的判决,判处李某有期徒刑3年。其实网上海外代购走私货物的情况非常普遍。前段时间新闻当中就报道了一个因偷逃关税被判处10年以上有期徒刑的案例。

第二个案例是关于网购消费者维权,起诉天猫卖家假一赔万的案件。廖女士在天猫商城"××旗舰店"以299元的价格购买了一条裙子,网店商品详情页标明裙子材质为真丝,面料主成分含量:91%—95%,并作出"假一赔万"的承诺。收到这个裙子以后廖女士发现裙子的材质不像真丝的,并送去检测机构进行检测,而检测机构的报告也证明裙子的真丝含量为0。

在这种情况下,廖女士与卖家沟通无果,就将卖家起诉到了金华市婺城区人民法院,请求判决该网店返还购物款、赔偿检测费,并支付1万元违约金。廖女士请求的依据是卖家作出的"假一赔万"的承诺。2012年11月21日,婺城区人民法院作出一审判决,支持廖女士的诉讼请求,判决结果为要求卖家退还廖女士购买裙子的货款299元,支付廖女士违约金1万元,同时要求卖家将服装检测面料费用200元支付给廖女士。

第三个案子是关于乐视"919"发货门事件。其实这种案件也非常常见,亚马逊与当当网曾经也出现过类似的情况。2015年9月19

日,乐视商城开展了"黑色919乐迷节",活动内容为"超级电视、超级手机直降500元,全天全渠道现货开放购买",当天,非常多的消费者在乐视的官网上参加了订购活动,乐视承诺在付款后一周之内发货。由于订单量太大,货物库存出现短缺。在很多订单成交的情况下,乐视未能按时发货,没有实际履行一周之内发货的承诺。很多消费者就将乐视公司起诉到了法院,认为乐视公司没有履行约定,构成行为欺诈。我们先大概说一下这三个案子,等会再结合具体的法律适用方面的问题分析这些案例的情况。

《2014—2015年度中国电子商务法律报告》中提到了"2014—2015年度十大电商法律关键词",分别是电商立法、"微商"营销机制、电商征税、信息泄露、电商售假、商标抢注、不正当竞争、网络实名制、虚假交易、P2P跑路。在《2015—2016年中国互联网+法律报告》中提到了"2015—2016年十大互联网+法律关键词",分别是税收新政、网络刷单、互联网金融监管、O2O外卖食品安全、专车新政、快递实名制、携程模式、跨境O2O体验店、海外代购、手机行业门户。这些法律关键词都体现了由于电子商务领域立法滞后,出现了很多包括知识产权、消费者维权、个人信息维护,以及虚假交易等方面的热点问题。

一、电子商务和电子商务合同的基本介绍

下面主要讲一下什么叫电子商务和电子商务合同。我们先说一下电子商务的发展历程。早在1839年用电报收发贸易信息就已经拉开了运用电子手段辅助商务活动的序幕。到20世纪70年代以后,银行业率先使用电子资金转移的方式,大大提高了业务方面的快捷性和安全性。所以,这些革新都被认为是现代电子商务的先驱。20世纪90年代以来,飞速发展的计算机网络技术已经使网络全球化成为可能,

网络技术从传统的文字和信息的处理传递到了商业领域。互联网和其他类似的电子方式的商业技术革命，给传统的商业形式也带来了巨大的改变，这种剧烈的程度甚至可以被形容为"海啸"。

电子商务是随着互联网发展而兴起来的一种交易模式，对于电子商务的概念，目前的学术界和实务界是没有明确定义的。在1996年，联合国国际贸易法委员会通过了《电子商务示范法》，第1条就规定了"本法适用于在商业活动方面使用的、以一项数据电文为形式的任何种类的信息"。虽然这个规定不是对电子商务的准确描述，只是对该法适用范围的一个界定，但我们可以把电子商务理解为是电子技术和商务活动的结合，也就是电子化的商务活动。电子商务分为狭义的和广义的。狭义的电子商务，主要是以互联网作为运行平台的商务活动，也称之为在线交易；广义的电子商务是指一切以电子手段进行的商事交易活动。

新出台的《电子商务法》第2条第2款对于电子商务已经有了明确的定义："本法所称电子商务，是指通过互联网等信息网络销售商品或者提供服务的经营活动。"《电子商务法》出台之前的草案对电子商务的定义存在三种意见，最终选择法条当中的描述方式，其实是有特定含义的。法条中最终确定的是"销售商品或者提供服务的经营活动"，而草案中是"进行商品或服务交易，以及为交易提供服务的经营活动"。两者最大的区别就是关于"或者"的关系，而不是"以及"的问题。就是说，无论是销售商品的行为，还是提供服务的行为，都是属于电子商务范畴当中的一种，两者并不是并行的。至于草案中为什么增加"以及为交易提供服务的经营活动"，主要是考虑到淘宝和京东等网购平台有多种经营模式，一种是网店自营，一种是所谓的商户自己经营。在不同的销售模式下，平台也是扮演了不同的促成交易行为的角色。我们谈到关于电子商务合同的类型，就会涉及这个问题。

下面来看一下电子商务的主要特点。相对于传统的电子商务活动行为，电子商务具有以下特征：

第一，商业环境的虚拟化。在电子商务交易过程当中，依靠网络空间完成的是意思传递、达成合意、以价款支付，即所有的行为都是通过网络来完成的。除最终的实体商品交付属于物流部分来进行转移之外，剩下的所有交易行为都体现在交易双方平台上一连串的数据电文中。在这个过程中，不论是交易主体还是交易地等都是被虚拟化的。消费者在国内可以非常轻松地购买到国外的商品，只不过最终交到消费者手中的时间相对长一点。所以网络是可以提供便捷和舒适，但同时没有办法看到实体店的一个虚拟化的环境。

第二，电子商务交易的全球化。网络没有中心，没有直接的领导和管理机构，没有等级和特权，没有地域限制。因此，在网络当中的商务活动也可以跨越时空的限制，具有跨国性和相应的流动性。

第三，交易过程中的电子化和无纸化。在电子商务交易的过程中，包括买卖合同双方的合同和票据，所有的交易行为都是以电子信息的形式存在的，能够借助于相应的计算机软硬件工具和网络环境被方便地读取。由于它具有电子化的特点，这些记录也非常容易被消除、篡改以及复制，无法脱离相应的记录工具而单独存在。

第四，交易的迅捷化和低成本化。因为网络交易平台能够在瞬间将所有的信息迅速传递到世界各地，所以创造了无限可能的交易机会。相比于传统的商务，买卖双方从交易开始就可以直接进行沟通，减少了非常多的中间环节，使得交易方便迅捷，成本低、效率高。现在的商品交易，包括广告宣传，都能够通过网络在非常短的时间内迅速完成。

下面我们简单谈一下电子商务的分类。一是按照电子活动的类型，可以分为销售商品和接受服务；二是从贸易类型来看，主要分为贸易型的电子商务和服务型的电子商务；三是按照网络使用的类型不同，可以分为电子数据交换商务、因特网商务、内联网商务和移动商务；四是按照电子商务活动的运作方式不同，分为完全电子商务和不完全电子商务；五是按照开展电子交易的范围，可以分为国内电子商务和国际电子商务。

主要介绍一下按照交易对象分类，电子商务可以分为以下四种模式。第一种模式是"B2C"（Business to Consumer），也就是商业对普通消费者的模式，企业和消费者之间的电子商务。这种是现在最普及也是大家最容易面对的一种。主要集中在网络零售业，如大家比较熟悉的当当网和京东商城等。原则上京东商城里的自营模式更贴近于B2C。

第二种模式是"B2B"（Business to Business），也就是传统的商业对商业的模式，企业与企业之间的电子商务。企业和企业之间可以通过内部信息平台和外部网站，将面向供应商的采购业务和面向下游代理商的销售业务有机地联系起来，直接实行线上线下的产供销。这也是在现在大的互联网公司或者很多网络公司之间常见的一种内部的商业模式。

第三种模式是"G2B"（Government to Business），就是政府和企业之间的官方采购。这种模式在日常生活当中是很少遇到的，如果将来大家去行政机关工作，可能会遇到这种情形。

第四种模式是"C2C"（Consumer to Consumer），往往是指消费者与消费者之间的电子商务。由运营商搭建一个中间平台，为买卖双方架起一个交易通道，并且从成功的交易当中抽取一定的比例。目前这种模式主要表现在拍卖网和部分开放式的购物网络平台。例如，有一个电影叫《无敌破坏王》，影片讲述了一款电子游戏里的反派——

破坏王厌倦了在游戏里做反派的日子,决心离开这款游戏去闯荡别的电玩世界的故事。旅途中他遇到了一个小女孩,为了帮助小女孩重返家园,他来到易贝网购买操控方向盘。其中,易贝网就是一个拍卖及购物的网站,只要是你需要的东西,在地球上的任何一个角落,都可以通过易贝网搜索到它,而且可以用合理的价格买到相应的商品。C2C模式往往存在三个主体,一个是电子商务的经营者,一个是消费者,还有一个是电子商务交易平台的经营者。

对于电子商务合同,我国是没有一个统一、权威的定义的,一般只要是涉及数据电文的内容,属于约定当事人之间权利和义务的合同模式的,原则上来说就属于电子商务合同。根据联合国国际贸易法委员会1996年12月通过的《电子商务示范法》第2条的规定,"数据电文"系指经由电子手段、光学手段或类似手段生成、储存或传递的信息,这些手段包括但不限于电子数据交换(EDI)、电子邮件、电报、电传和传真。这是一个广义的关于电子商务合同的界定范围。现在大部分涉及电子商务的法律法规,包括新出台的《电子商务法》,更多规范的是网上在线交易,而实际上广义范围的电子商务合同在电子商务法里面是体现不出来的,比如说采用传真或者电子邮件等方式来进行交易的行为。现在很多大的企业,包括一些外资企业在交易活动、内部管理等方面使用电子邮件的概率都是非常高的。但数据电文对于在交易过程当中的留取证据、后期的举证行为,以及在认证方面是存在比较大的困难的,这也是咱们现在在法律适用方面对于合同形式进行认定时,争议比较大的一个问题。

《合同法》[1]第11条也明确规定了,我国的《合同法》是引进

---

[1] 全称为《中华人民共和国合同法》,以下简称《合同法》,于1999年10月1日起施行,2021年1月1日废止。

了关于数据电文形式的，在法律上是确认了电子商务合同的合法性的。也就是说在《电子商务法》没有颁布之前，传统的司法裁判在涉及电子商务合同纠纷法律适用问题的时候，唯一能够找到依据的就是《合同法》，以及《合同法》的一些司法解释意见。《合同法》第11条明确规定了书面形式是指合同书、信件和数据电文等可以有形地表现所载内容的形式，书面合同主要是指纸质的东西，如合同书、信件，这些在传统诉讼当中是非常有效的。数据电文，包括电报、电传、传真、电子数据交换和电子邮件等，在现今社会电子商务广泛适用的情况下，也是比较常见的一种合同的载体形式。

狭义的电子商务合同是指通过电子数据交换系统形成的合同，是一种在贸易伙伴的计算机系统之间传送标准化商业模式的电子手段。由于使用电子数据交换可以减少甚至消除贸易过程当中的纸质单证，它又被俗称为无纸化的贸易。相对于电子数据交换来说，现在电子商务当中更广泛为大家所熟知的，还有一种电子载体的形式就是电子邮件。相对于电报、电传和传真等其他载体，其实我们更相对趋同于认为，电报、电传、传真虽然也使用了电子数据的介入，但实际上它最终体现出来的载体形式往往是会形成纸质的一些材料的。电子邮件往往是靠计算机，也就是终端设备来进行读取和处理的，相对来说更贴近电子商务关于电子电文数据的描述方式。

关于电子商务的特点，刚才咱们已经介绍过了，现在咱们讲一下电子商务合同的特点：第一，虚拟化的特点容易引起风险。电子商务活动本身在地域和主体方面也是有广泛性、虚拟性的。订立合同的当事人往往通过计算机来完成操作，并不需要谋面，这样对于双方当事人的身份是很难进行确认和辨认的。电子商务充分发挥了其全球化、迅捷化、低成本的优势，但是这种不谋面的形式使合同订立面临着一种无法规避的风险。我们在网上交易时，有时候是会遇到欺诈的，现在相对来说比较少。我记得淘宝最开始流行和使用的时候，确实有在网上买完东西付完款，收到的东西跟你想买的东西是不一样的情况。比如说有人在网上购买了一款手机，最后他收到的商品可能是个空盒子，这种情况是有出现过的。因为不能面对面交易，也没有见到商品的实体，所以消费者依靠的是平台把关，需要平台对交易双方进行身份的认证。

第二，无纸化的特点。电子商务活动载体都是电磁介质，是以数据电文的形式载于计算机和光盘媒体当中的。没有办法像传统的纸质合同一样可以阅读和了解其中的权利和义务。即使电子数据最后以纸质的东西呈现出来，它也没有相应的手写签名。我们知道在维权的过程中，合同的有效性往往是需要通过有效的签名等方式来确定的，如果只有电子签名而没有手写签名，在将来诉讼的过程中，是没办法通过签名或者盖章的方式来确认合同效力的。

第三，易更改和易消失的特点。电子数据是采用计算机储存的，是一种无形物，一旦操作不当，很有可能就会消除全部的数据。传统的书面合同，除非是人为的或者是遭到自然环境的侵蚀和破坏，否则不太可能进行变更。但电子数据遭受物理打击、威胁以及计算机病毒是最常见的现象，它的授权主体对它进行篡改也非常方便，并且不容易留下痕迹。在这种情况下，电子商务合同的效力不仅需要相关计算机技术来解决，也是需要相对应的法律来进行保护的。

第四，关于电子商务合同的生效方式、时间和地点的及时性的问题。它与传统合同不同，传统合同一般都是当事人签字盖章，就能够确认合同生效。电子商务活动中，表示合同生效的传统签章方式被电子签名取代，合同成立的时间和地点相对来说就比较难确定了。因为纸质合同签字一般都是有固定地点的，交易行为完成时，就会进行现场签字，现场完成签字的瞬间，它的地点和时间就已经固定下来了。

但电子合同往往是通过电子签名的方式，它的瞬间可能是从某一个地方一直传到大洋彼岸，那么对于自己的发出系统和对方的接收系统来说，用哪个时间点来认定合同的形成？包括咱们后面还要谈到的关于电子商务合同一旦有效生成，或者你发出了以后还有没有撤销或撤回的可能呢？传统的纸质交易模式，承诺和要约以及要约到达，包括承诺或者要约的撤销都是有法律设定的条件的。但电子商务合同有时候是没有办法进行任何撤销行为的，你一旦提交它就瞬间形成了。在电子商务立法中，大陆法系国家主要采用的是到达主义，就是根据传统的合同标准来确认合同成立的时间，而英美法系国家传统上采用的是投邮主义。投邮主义，就是说只要我把信息发出去了，进行了投递，合同就生效了。但是在电子商务当中，信息传输有快捷性和瞬间性，甚至有可能因系统的故障或者其他原因造成投邮无法完成的，在这种情况下，投邮主义就是无法适用的。现在英美法系国家也是倾向于采用到达主义的，也就是以收到信息为准。合同的成立地点一般也是以收件人的地点为准的。我国《合同法》第16条的第1款也是这样规定的，要约到达受要约人时生效。

下面我们看一个关于电子商务合同成立和生效的案例。这是比较有名的国内首例免费电子邮箱服务合同的案子——新浪网免费电子邮箱"缩水"案。来某在2001年4月22日，在北京四通利方信息技术有限公司所有和运作的新浪网上注册了一个免费的邮箱。当天下午4时20分，来某收到了主题为新浪会员注册成功确认的电子邮件。内容是说：作为新浪会员，您不仅可以获得一个容量空前巨大，50兆功能齐全、卓越的新浪免费电子邮箱，而且还可以享有其他针对会员的服务。当天晚上8时20分，来某收到了主题为"恭喜您申请的新浪免费电子邮箱正式开通"的电子邮件。内容为：免费使用新浪网为您提供的免费电子邮件系统。新浪网为您提供的免费电子邮箱已经开通,您可以立刻开始使用邮箱来发送或者接收电子邮件。在 2001 年 8 月 20 日和 9 月 13 日,新浪网又向来某发布了一条重要的通知。通知的内容为:新浪网的免费电子邮箱的空间大小将在 9 月 16 日零时正式从 50 兆调整为 5 兆。另外查明,新浪网的会员注册的第二步有一个设置,是新浪网北京站的服务条款。在这个条款当中明确约定了,在互联网用户注册成为新浪会员的时候,必须接受该服务条款的约定,方可进行下一步的操作。在新浪网服务条款的确认和接纳当中规定了新浪网提供的服务将完全按照其发布的章程服务条款和操作规则来严格执行,用户必须完全同意所有的服务条款,并完成注册程序,才能够成为新浪网的正式用户。需要注意的一点是,它的要求是必须完全按照其发布的章程服务条款和操作规则来严格执行,用户必须要同意全部的服务条款,并且完成注册程序,才能成为新浪网的正式用户。在服务条款的修改和修订当中规定:新浪网有权在必要的时候修改服务条款,新浪网的服务条款一旦发生变动,将会在重要页面上提示修改内容,如果不同意所改动的内容,用户可以自主取消所获得的网络服务;如果用户继续享受网络服务,就会视为用户接受服务条款的变动。也就是说,这个约定意味着用户要接受全部的服务条款。在进行改动的时候,如果用户不接受改动后的服务条款的内容,可以拒绝,就不再享受服务;但是如果一旦继续使用这个服务,就会被视为接受变更以后的相应的服务。并且新浪网保留了随时可以修改或者中断服务的权利,不需要对用户或第三方负责。

在来某使用由新浪网提供的电子邮箱时,新浪网分别向来某发送的主题为"确认"的电子邮件中,均有部分内容为广告。在庭审过程当中来某主张在注册新浪会员时,未选择信息增值服务项目,也就是说他获得的是一个免费的邮箱,并不需要因邮箱的扩大而额外付费。来某认为北京四通利方信息技术有限公司不顾及承诺和作为门户网站的企业信誉，擅自将其承诺的50兆容量调整成5兆构成了相应的违约，要求该公司继续履行承诺，提供50兆容量的免费电子邮箱服务，并由该公司承担本案的诉讼费用。电子邮箱服务合同的文本和效力应该如何进行确认呢？大家觉得在这个案子中，新浪网所提出的合同条款，包括双方形成的合同的效力如何呢？对于新浪网可以随意变更或者调整相应的服务内容，如果接受，就继续享受相应的服务，当然要按变更后的内容来享受服务；如果不接受，就直接从免费服务里面退出，也就不再是新浪网的客户了，这样的一份合同效力应该如何进行认定？

在思考这个案子的时候，我建议大家从要约和承诺的有效性成立的角度，结合电子商务的特点来考虑，不能按照传统的思维模式，从普通合同的缔约和承诺以及格式条款的角度去考虑。这个案子最后的判决结果是来某的诉讼请求没有得到支持。对于本案我特别强调几点内容：首先，邮箱是属于一个免费的邮箱，在最开始公布合同缔结的相应交易条件时就已明确。网页提示也已经说明了关于新浪网的会员资格和免费邮箱的使用内容。其次，新浪网站回复来某注册成功的邮件是合同的一个相应的文本。而来某认为服务条款不是合同的内容之一，只有自己的注册行为才是一个有效的要约，所以服务条款不能作为合同。最后，新浪网当时的页面提示是，要接受所有的服务条款才能够缔结合同。而来某认为服务条款是属于页面单独提示，并不在合同范围之内，在缔结合同的时候来某发出要求注册的行为才是一个要约行为。关于何为要约、何为承诺的关键就在于我国在合同订立的要约和承诺之外还包括的一种要约邀请。网站发出服务条款，要求来某去订立合同，这个行为实际上相当于一种要约邀请。来某接受服务条款去进行邮箱注册的行为是一个要约，而网站提供邮箱相当于是一个承诺行为。但是合同要件是不以要约邀请的内容为准的。因此，来某认为其最终是以免费注册的 50 兆容量的邮箱为内容缔结的合同是不具有效力的。

在这个案件当中,从新浪网提供的页面的相关内容来看,它是电子商务合同中一个标准的点击合同,也就是传统上所说的开通合同。在网络页面展示的关于服务条款的相关内容大概有 15 条,包括电子服务的所有权人的身份,服务内容的相关介绍,服务条款的变更、修订以及用户隐私保护和例外情况,网站的通告和告知义务等。它的内容是非常具体和明确的,不仅仅是单纯的一个要约邀请行为。那么何为点击合同?当来某在申请注册邮箱时,新浪网列出了一系列条款并要求其填写有关信息,等完成上述操作后,点击"我同意"或"我接受"才可以进行相关活动的,称为点击合同。

通过这个案子,已经简单地了解了关于电子要约生效要件、撤销、承诺要约,还有要约邀请等。下面我们看一下关于电子商务合同的生效要件的问题。从主体要件方面来说,也就是所谓的签订合同的人的问题。首先要有缔约能力,其实跟传统的合同法的构成要件是差不多的。主体必须是有民事行为能力的人。签订的合同的内容不能有《合同法》当中规定的第 52 条,比如涉嫌欺诈、恶意串通、损害第三方利益等这些无效情形。关于意思表示的判断,主要是指消费者的购买意思表示的是真实的意思表示,这里面主要涉及的问题就是计算机系统故障、电子错误等,还有其他一些违反诚信原则的内容。

第一,关于主体要件。即当事人能够通过自己的行为订立合同,并且享有合同中权利义务的能力,也就是传统上的民事行为能力。电子商务当事人使用自动信息系统订立或者履行合同的行为对使用系统的当事人具有法律效力,同时在电子商务中就推定当事人具有相应的民事行为能力。但是,有相反证据能足以推翻的除外。也就是说对于电子商务合同,因为出售者和购买者之间是不能够进行面对面交易的，那么所谓的主体的民事行为能力，双方都是没有办法进行相应的审查的。所以一旦电子商务合同形成，法律会当然地推定出售者和购买者都是具有民事行为能力的人，这样就不会出现影响电子商务合同的有效成立的问题。

第二，关于合同合法性的相应的分析。《合同法》第 52 条明确规定了，有下列情形之一的，合同无效：①一方以欺诈、胁迫的手段订立合同，损害国家利益；②恶意串通，损害国家、集体或者第三人利益；③以合法形式掩盖非法目的；④损害社会公共利益；⑤违反法律、行政法规的强制性规定。电子商务合同从某种意义上来说本质还是一个合同，判断其是否有效还是要遵从《合同法》中合同无效的情况审查的。

第三，关于意思表示的真实性判断的问题。意思表示真实是所有民商事法律行为生效的一个必要要件。它是指当事人在订立电子商务合同时，缔约人所说的意思表示要跟他自己内心的意愿相一致。在订立电子商务合同时，意思表示容易出现错误的情况主要有两种：一种是本身缔约主体表达的意思不一致，另一种是因客观原因，即计算机信息处理系统不完善所造成的相应故障。在电子商务合同项下，通信环境是一个相对封闭的网络系统，所有的入户者也都是签订了相应的通信协议的。在这种情况下，如果发生电子故障，发出的意思表示就有可能是一种无效行为。联合国国际贸易法委员会和国际商会等国际组织认为，意思表示的错误问题应当由当事人之间的电子数据交换的通信协议来进行明确，如果双方关于意思表示错误，在协议当中未达成一致，按照双方过错责任的大小，由主张过错的一方负有相应的举证责任。也就是说如果意思表示错误是由于当事人违反通信协议而引发的损失，就应当由当事人自己来负责。在欧洲共同体委员会制定的《EDI 系统协议草案》中，对这个问题作出的规定是，每一方当事人都应为任何有意违反本协议或因发送、接收或执行任何信息指示的任何失误、延误或错误而造成的任何意外或间接损失，对另外一方承担相应的赔偿责任。这些相应条款的约定，其实大概意思是，首先原则上双方应当通过通信协议，通过契约的方式，对于可能发生错误的情形来进行一个约定。一旦有约定的，优先从约定，那么主张有过错的一方应当对于符合约定项下的过错条件的情形进行相应的举证。一旦举证完成的情况下，违反协议的一方，就应当按照协议中所指示的规则来承担相应的赔偿责任。

在国际互联网上签订电子商务合同时，在合同订立之前缔约的各方都是不确定的。如果商家的计算机出现错误，或者是计算机处理系统出现错误，此时订立电子商务合同，对双方当事人是否有约束力，学者的意见是不太一致的。有的意见认为，如果商家已经尽到了充分合理的注意义务，而且是由于技术水平有限出现的无法避免的差错，可以作为不可抗力来进行处理，由商家和消费者共同按照公平原则进行承担。如果商家在签订电子商务合同时，未尽到相应的注意义务，造成相应差错给消费者造成损失的，就应当由商家承担赔偿责任。如果当时的成交价格与市场公平价格相差甚远，可以以显失公平为由，要求法院和仲裁机关予以变更或撤销。考虑到商家的实力普遍优于普通消费者，所以在法律的归责原则和举证责任上，采用的是过错推定原则和举证责任倒置原则，由商家负主要的举证责任。但另一种意见则普遍认为商家不得以计算机错误，或者以双方无真实意思表示为由来否认合同的效力。

个人认为，以上两种意见都是存在可借鉴之处的，但也均有不妥。因计算机故障导致的缔约主体意思表示不真实的情况下，应当以双方当事人的主观状态和客观后果来确定责任归属。如果商家能够举证证明自己尽了充分注意义务的，计算机发生故障是自身内部的问题，那么这种故障确实属于不可抗力或不可避免、不能克服的条件，应当属于不可抗力而免除商家的责任。如果属于商家自身没有尽到注意义务或已经尽到注意义务，但是没有办法完成相应举证责任的，应当由商家来承担相应的赔偿责任。

出于法律的公平角度考虑，对于商家所设定的注意义务，一定是要高于对普通消费者所设定的注意义务的。当由于消费者的过失做出错误意思表示的时候，商家是有义务为消费者纠正错误的，如果没有提供任何纠错程序，就是商家违反了法律的强制性规定，此时的合同是无效的。这里谈到的就是关于所谓电子错误的问题，我们最开始讲到的三个案例中的乐视"919"发货门案件虽然也是因系统故障导致无法如约履行承诺，但与这个还不太相同。

我多年前在法院处理过一个案子，因为时间久远，记不太清楚具体的网络平台名称了。当时该平台出售书籍或者说出售商品的价格是明显低于商品的实际价格的。由于价格低廉，当时购买的消费者非常多，商家给所有下单的客户都发了订货通知。但是到了第二天，商家就给所有的消费者发了一个回函，内容是：由于价格标示错误，书籍无法出售。在促销的当天，正是因为它的价格非常低，所以大量的用户都购买了该商品，等到发货的时候，商城却通知所有的消费者商品的价格标错了。在这种情况下，商品的价格出错其实是因为自己的店员，或者是在网络上标出价格的人员操作失误，这显然不属于一个电子错误。

电子错误是指不是因商家的原因，也不是因消费者的原因，而单纯就是由于电子系统内部在技术数据上出现了错误，并且这种错误商家是没有办法预见的。比如某件商品，商家标明的价格是1000元，但系统内部出现乱码或者病毒，把价格变更成了10元甚至是1元，这就属于电子错误。大家要注意，在电子错误的情况下，举证义务是要由商家来完成，而不是由消费者来完成的。这就是对于消费者权益的保护，从举证义务方面来说会倾向于保护消费者。本来就应该是谁主张错误，谁来完成举证责任，在这个案例中确实也是商家主张它的销售价格出现了错误，因此应该由商家完成举证。

如果错误是由计算机内部信息处理系统的不完善造成的，那么属于客观错误，也就属于不可抗力或不可避免的情形。在这种情况下，出于公平角度考虑，合同是可以进行相应调整的，价格也可以有异议。但是本案商家并没有做出是系统自身错误造成的价格变化的陈述。其陈述理由是由于往外销售涉案商品的电子系统的操作人员在标价的时候出现了错误，这也就是属于出售的商家自身没有尽到注意义务而造成的错误，那么商家就必须要按照他承诺的销售价格向消费者履行，而不能够以认定合同无效或者撤销合同来平衡相应的价格机制。

二、消费者的权益保护

下面我们再看一下关于电子商务合同纠纷当中消费者的权益保护问题。首先我们来看一下什么是消费者，我国的消费者权益保护法当中，对于何为消费者是没有明确界定的。《中华人民共和国消费者权益保护法》（以下简称《消费者权益保护法》）第2条规定："消费者为生活消费需要购买、使用商品或者接受服务，其权益受本法保护……"按照这条可以将消费者理解为是为了生活消费需要购买或使用商品或接受服务的人。电子商务合同中的消费者也是为了满足个人生活消费的需要，通过网络与经营者来签订合同购买商品、使用商品和接受服务的个体。

电子商务合同的消费者和传统上的消费者是没有本质性的区别的，只是网络改变了个人购买或使用商品、接受服务的方式和环境，并没有根本地改变消费者的定义和法律适用问题。还需要提到的一个问题就是，在电子商务的交易模式当中，前面提及了四种交易模式：第一种是企业和消费者之间的，第二种是企业和企业之间的，第三种是政府和企业之间的，第四种是消费者和消费者之间的。无论哪一种模式，都是通过签订电子商务合同来完成的。对于企业和企业之间以及政府和企业之间的这两种模式，就不再进行讨论了。主要讨论关于企业和消费者之间以及消费者和消费者之间的电子商务模式。C2C就是消费者对消费者，在这种模式当中，其实也是存在所谓的经营者的。C2C模式下，是个体对个体的行为，谁是消费者，谁是经营者，能不能够继续沿用传统的买卖合同当中以《消费者权益保护法》的原则来进行相应的保护是存在争议的。在传统的消费模式下，倾向于保护消费者的原因，是因为企业对于信息的掌握，对于交易背景或者交易大环境相对处于优势地位，而普通消费者是处于相对弱势地位的。但是到了C2C模式下，出售方可能也是一个普通的老百姓，也是一个普通的经营者，对于某些领域的信息掌握不见得比购买者会更为专业或更处于相对优势的地位。比如说易贝模式下的拍卖行为，出售方可能是个人，购买者也是个人，在这种情况下，消费者买到的商品是不是还能够享受《消费者权益保护法》对于个人的优势性的保护，在司法领域是存在较大争议的。

先明确一下争议的焦点问题，首先咱们要了解一下经营者的概念。在《消费者权益保护法》中，对于谁是经营者并没有作出明确的解释，也没有对主体资格进行相应的界定。但是《中华人民共和国反不正当竞争法》第2条第3款规定："本法所称的经营者，是指从事商品生产、经营或者提供服务（以下所称商品包括服务）的自然人、法人和非法人组织。"所以可以认为经营者不仅包括法人和其他组织，也包括个人。也就是说在C2C的模式中，将作为卖方的个

关于电子商务合同纠纷法律适用的问题

人定性为经营者,也不是没有任何道理的。卖方相对于购买方而言,也可以作为普通消费者享受相应的保护,这是因为从《消费者权益保护法》的角度来看,消费者的弱势地位并不仅仅体现在经济实力和经营者的差距悬殊方面,还表现在其交易经验的欠缺、专业技能的匮乏,以及双方在信息方面的不对称的层面上。在电子商务环境下,网络的虚拟化、技术化和无纸化,使消费者处于更加不利的地位。

在电子商务合同纠纷中,消费者权益保护主要涉及的是网络购物方面的纠纷。网络购物纠纷主要分为以下几种类型:第一种是商品质量纠纷,第二种是售后服务纠纷,第三种主要涉及的是物流配送纠纷,以及网络欺诈。

其实我们都是普通的消费者,相信大家在网上购物的经验也非常丰富。不知道大家有没有因为网络购物的问题,与商家或者物流配送发生过矛盾和纠纷,类似的这种案件在法院是非常多的。现在在各地涉及消费者权益保护的案件中,网络购物的案件是呈激增的状态。除案件数量的大幅增长以外,案件所涉及的领域也在不断扩展。纠纷主要产生于合同成立、商品配送、收货验货和电子支付等各个环节。消费者在主张承担赔偿责任的同时,往往包含了与销售者、生产者、广告商,以及网络交易平台之间的一些矛盾纠纷。从举证情况来看,电子证据涉及修改的无痕性和采集的专业性,导致普通消费者作为当事人在完成举证的过程当中,处于不平等的地位。所以对于电子证据的采集和维权问题,是现在消费者起诉流程中主要的难题。

下面主要对网络购物纠纷的类型展开讲解。

第一类主要是涉及商品质量的纠纷。举个简单的案例,消费者罗小姐近日在网上浏览网页的时候被一则手机广告吸引,广告称该手机能够无线上网,防水防震,功能达到300多个。罗小姐经不起诱惑就购买了该款手机。等实际拿到手机之后却发现不过是一个质量非常差的"山寨机"。令人气愤的是,所谓的防水防震只是在手机的外壳包了一层硅胶的保护膜。

在网购日益成为新兴购物方式和时尚主流的今天,不少消费者都对网购商品表示质疑,商品的质量是造成消费者对于网购商品不满意的主要原因。有非常多的网络商品和网站上的图片是不相符的。还有很多网络商品都是仿冒的,不知道大家有没有购买奢侈品或者名牌商品的习惯,无论是网上的代购,还是名牌商品官方旗舰店,其商品来源的真实性以及是否能够真正符合品牌的质量都是存在很大的问题的。消费者购买以后,对应的是商家而不是购物平台,所以在维权方面是非常困难的。

第二类主要是涉及售后服务的纠纷。网络具有虚拟性的特点,消费者的购物范围和经营者销售的范围是无限扩大的。所谓一种"无赖式"的售后方式,现在在网上也是屡见不鲜的。具体表现为消费者在向商家进行提问时,商家的回答与消费者的提问不一致以及商家无视消费者的诉求。这是网购当中,一些购物网站对于消费者要求进行售后服务的态度。

举个小的案例,李女士通过网购在网上购买了一款 mp4,用了不到 4 天的时间,出现了耳机接口松动和屏幕无法正常显示的问题,随后甚至出现了死机的现象。在这种情况下,李女士与商家联系要求退换,商家同意李女士把货物退回去,但是邮费要买家自行承担。李女士把商品邮寄给商家,却没有得到任何的反馈消息,也没有给其更换新的货物。在打电话追问的情况下,商家认为 mp4 不能正常使用是人为原因导致的,所以不在保修范围之内,还要求李女士再补交 100 元才能进行维修。李女士对于商家的言论并不认同,双方发生纠纷。这种纠纷就是标准的售后服务纠纷。如果我们在实体店购买商品,发现问题以后，是能够见到售卖者并且进行沟通的。但是网络购物使消费者在后期维权去享受相应的保修服务时，存在非常大的困难。

第三类就是关于物流配送问题的纠纷。举一个类似的纠纷案件，北京的一位张先生在 2011 年春节期间，通过网购在一家位于北京市西城区的店铺购买了一款商品送人。结果朋友的生日都过了，商品还没有送达，总共 5 公里的路程，快递派送了将近 4 天。类似于张先生这种通过网购，送货周期被拉长的消费现象也是非常多的。物流的速度是很多平台或者商家吸引消费者购物的原因，现在的物流较之前有了很大的改善。但实际上早期在商品物流还不发达的情况下，特别是赶上节假日，或者是大规模的购物节时，往往就会出现物流延迟或者是长期到达不了目的地的情况。在购物的高峰期，网购也会遇到类似于"春运"这样的难题。

另外消费者对于物流配送方面投诉往往集中于三个方面，一是快递的延误，上面也谈到消费者购买商品的地方距离自己非常近，如果自己去店里购买，可能当天就能取到货物，但是通过网购的方式等了多天还没收到货物。二是错投丢失，很多快递企业是不会提醒购买者采用保值保价的，如果快递丢失，就会以消费者没有保价为由，对一些比较贵重的物品不予以合理的赔偿。三是先签字后验货，通俗地说，就是快递员把商品往门口一放，或者打个电话跟消费者落实一下，说将快递送到了，也没有任何人员签收。那么在这种不签收的情况下，是不是属于合理地收货和合理地验货了？平台会当然地推定，只要有人在上面进行了签收确认，就认为客户收到了相应的产品，所以这种行为是不是可以界定为是一种霸王条款？其实这也属于侵害了消费者的知情权。

还有关于网络欺诈的问题。网络购物确实给消费者提供了非常方便快捷的交易途径，而且价格相对便宜。大家可能会发现，一些商品在实体店的售价是往往高于它的网上门店的售价的。不能说网上门店就一定是"假货",但是据我所了解,网上的门店给你配送的货物的产品的质量与实体店中的货物是有差别的。因为同样一个品牌,商家可能会采用不同的平台或者不同的生产厂商来配送和生产货物。

  大牌的东西也是这样的道理。比如英国有一个很有名的品牌叫博柏利,这个产品如果你在商场专柜里面购买当季销售款和在某折扣店里购买的折扣款在生产质量和所用的技术标准各方面都是不一样的。网购中,因为看不见实体物品,所以很多商家会利用网络购物实施网络欺诈。比如说,给你发一些不真实的图片、一些虚假的宣传,以及对于涉案商品进行过度的美化等。消费者一不留神就会陷入商家恶意欺骗的圈套当中。

  在网络购物的合同中,还有很多是单方变更合同和不履行合同等行为。这里面相对比较特殊的一种就是格式合同,现在网络销售大量的商品都是采用格式合同的方式。有些格式合同,因为消费者并不能亲眼见到相应的商品,所以对于其中的一些消费和实物的具体情况并不了解,就有可能中了销售者的圈套。格式合同也为很多不法经营者找到了一些新的空间,比如商家会在合同中拟定一些模糊的交易条款,让消费者对于售后问题,如何维护权利,或者对商品本身的性能产生错误的判断。

  下面简单地看一个案例。2012年9月1日,唐某通过某信息技术有限公司经营的网站购买了梅花表宇宙系列的机械男表一块,优惠后的售价是12 228元。2012年9月3日,唐某收到了上述货品,并支付了对应价款。因后续得知此表不能参加梅花表的国际保修服务,将该信息技术公司告上法庭。在一审当中唐某表示,上述产品的保修卡上的销售商为巴林王国的一家手表店,没有进行正规的报关手续,所以该手表为水货,但是这个网站曾经承诺其出售的产品为正品行货,故认为该信息技术公司存在欺诈的行为。为了证明这个网站出售的产品是正品,被告也就是该信息技术公司向一审法院提供了该手表的供货商也就是某商贸公司,与其签订的商品采购合同和附件,以及商务条款声明和进口货物的报关单予以佐证。在商品采购和商务条款中约定,某商贸公司向该信息技术公司提供BOSS、卡西欧、欧米茄、梅花表等产品。某商贸公司向法院也出示了一份声明,表示唐某在网站所购买的梅花表是由其供货的,这款手表为平行进口,有合法的海关进口报缴税手续,并非水货。某信息技术有限公司提供的进口货物报关单中显示,经营单位为深圳某实业有限公司,收货单位是某商贸公司,进口的商品中包含了梅花表158块,原产地是瑞士,照章纳税。

在一审庭审的过程中,唐某也提交了一份公证书。这份公证书显示梅花表官网提示:本公司建议客户不要在网上购买梅花表,在网上销售的梅花表可能是仿制二手货或者是来历不明的商品,梅花表国际保修对此类产品也不适用。为了保护本公司客户的利益,不受盗版或劣质产品的侵害,我们强烈建议消费者向特约经销商购买梅花表。一审法院询问唐某在购买这款手表之前,是否就已经知道了梅花表官网的提示,唐某称在网上购买手表后几个月后才发现网站有类似的提示,但是认可自己在网站上购买该类手表之前,确实也曾经去实体店了解过同款产品。

针对保修的情况,某信息技术有限公司表示,其出售的商品无法参加国际保修,但是网站承诺提供保修期限。也就是说某信息技术有限公司是认可这块手表不能参加国际保修的,但是网站会提供相应的一个保修期限。某信息技术有限公司认为这就是实体购物和网络购物的区别,认为其并没有隐瞒相关事实。一审中唐某的诉请是要求某信息技术有限公司退货并进行三倍赔偿,共36 684元,同时要求某信息技术有限公司赔礼道歉并承担一审的诉讼费用和相应的赔偿，以及其他相关费用5000元。

本案的争议焦点在于某信息技术有限公司的承诺，即涉案手表为行货的行为是否构成欺诈，某信息技术有限公司应当承担什么样的法律责任。原告诉讼的主要理由是，该信息技术公司在网站上公然承诺涉案产品为行货。上述提及了双方举证和陈述的相关情况。一方面这家公司提供了涉案商品的进口商，包括产品的进口关税的报关单据，但同时他又明确表示涉案商品是不能够参加国际保修的，只能享受网站自己所承诺的保修期限。也就是说梅花表的官网实际上是不认可对于该手表的保修的，但是网站承诺会对该产品进行相应的修理，那么这个产品符不符合传统上认定行货的标准？构不构成欺诈？

案子最后的处理结果是认定构成欺诈。首先在这个案件当中，某信息技术有限公司在网站上承诺其出售的商品为正品行货，唐某则主张涉案手表是无法享受到国际保修等服务的水货。水货是什么概念？水货既包含它可能是假货，也包含它可能是正品，但不是通过正规渠道进来的产品。关于行货的概念，其实严格意义上来说，其并不属于法律上的概念。按照某信息技术有限公司的主张，其认为只要完成了报税报关或者征税，有合法的进口报关手续，就属于行货。对于本案的手表，某信息技术有限公司认为其能够提供涉案商品的买卖合同以及商品的正常来源，并且其是按照相关规定正常报税的，所以是标准的行货。唐某认为只有在厂商或厂家认可的经销渠道直接购买，并且享受全国联保的产品才属于行货，而自己在网站上购买的那块手表并不能享受这样的待遇，所以其属于水货。

对此法院认为，首先双方对于何为行货是没有一个明确的约定的，所以只能按照日常大家的交易习惯来进行认定。《合同法》当中也有规定，就是双方约定不明的情况下，对于相关条款要参照日常的交易习惯和交易惯例来进行认定。所以行货是指经过了合法的报关手续，通过正规渠道进入国内市场的境外商品，是能够享受在国内市场的售后服务和相应的质量保证的。按照普通消费者的通常认知，能够享受国内的特约经销商或特约维修地点的保养和保修，是售后服务关于行货的一个重要特征。本案当中梅花表是全球非常知名的一款品牌手表，它的售后服务和质量保证等情况也属于商品非常重要的一个特征，从某种意义上来说，它也是售价的一个组成部分，也是消费者选择和购买的重要参考。在这个案件当中，某信息技术有限公司承诺涉案商品属于行货，唐某是根据该手表能够享受与专柜相同品牌的服务和售后保证质量才进行消费的。这一点也是符合普通消费者的认知的。就梅花官方网站正常的说法来看，唐某是不能够享受涉案商品的全球联保服务的，也就是涉案商品的售后是有问题的。那么仅凭某信息技术有限公司自认的网站给消费者提供售后服务来说，是不能够得出涉案商品符合关于正品行货的描述的。所以最后法院认为该信息技术有限公司的销售行为足以构成欺诈的误导，引导当事人做出错误的意思表示。大家一定要注意到，就是在网络销售和买卖的过程中，我们购买的不光是商品本身的品牌质量，也包含它的售后服务和相关质量承诺以及相关手续的真实性。虽然涉案商品是经过正常报税的，但是对于产品的真实来源是无从核实的。

关于某信息技术有限公司应当承担何种法律责任，就是一个法律适用问题了。这块手表的购买时间是在2012年，《消费者权益保护法》在2013年做过一次修正。修正以前关于构成消费欺诈判赔的，是按照一倍赔偿来支持的，《消费者权益保护法》修正以后，对于消费者遭受欺诈的情况，赔偿的倍数变成了三倍，对于消费者的保护力度是高于之前的。在这个案件中，因为唐某是2012年发生的购买行为，所以对应的赔偿标准也是退一赔一，按照一倍赔偿来支付。以上是这个案件的审理情况。

关于消费欺诈的判赔标准，其实应该是分不同种类的。还有一个是关于职业打假的问题，对知假买假者该不该保护？为什么要保护？或者为什么不保护？正常情况下，销售的普通商品是假货的，按照2013年新修正的《消费者权益保护法》退一赔三。对于一般的老百姓，很少有人会关注赔偿标准，但是很多职业买假者会把打击假的商品作为他谋求利益的一种手段。

我们法院受理的涉及消费欺诈的案件是非常多的，比如一年当中能收200件案子，其中150件左右都是职业打假者来诉讼的。他们盯上的都是非常小的商品，并且会购买很多。普通商品是退一赔三，食品安全是退一赔十。如果买的是类似于海参或者一些比较昂贵的食品，退一赔十，获得的赔偿率就非常高了。这些职业打假者甚至是组成了一个利益团体，当团队中的一部分人发现某一商品有可能会因为消费欺诈被判赔时，他的整个团队都会去买同样的商品，然后集体发动诉讼去要求相应的赔偿。大家可能想象不到，消费欺诈给职业打假者营造了一条"利益链"。有时候职业打假者并不真正地关注食品的假或者是某些商品的假，而是去挖空心思找到一些比较小的，甚至可能是传统意义上认为属于标签瑕疵的问题去进行打假，这样启动的成本非常低，但是获取的利益非常高。

这些职业打假者现在对整个商品的生产，以及法院的诉讼都形成了一种负面的影响。这也是为什么现在在认定消费欺诈，涉及知假买假这种情形的时候，有一个非常为难的局面。如果不支持诉讼请求，但是商品确实有问题，生产厂家也确实有问题；如果支持打假者，但是他明明知道这个商品有问题，他才去买的，而且买的数量一般都是超过常人的。我印象里有一个案子是，一个男同志在一家商场里面购买同一款女性服装七八件，每一件服装的单价都是二万元到三万元，退一赔三，这个人基本可以获得六万元到九万元。你问他一个男人买这些女性服装干什么用？他说送朋友的，一看就知道是职业打假者，但也没有办法，因为现在的立法从消费者权益保护角度上来说，对于他们的这种诉讼行为还是支持的。

下面咱们谈一下关于消费者权益损害的情形。主要是以下这几种：

第一，关于侵害消费者知情权的问题。我国《消费者权益保护法》第8条规定："消费者享有知悉其购买、使用的商品或者接受的服务的真实情况的权利。消费者有权根据商品或者服务的不同情况，要求经营者提供商品的价格、产地、生产者、用途、性能、规格、等级、主要成分、生产日期、有效期限、检验合格证明、使用方法说明书、售后服务，或者服务的内容、规格、费用等有关情况。"简单地说，就是商品的很多信息都有可能成为职业打假者攻击商品不合格的理由。那么什么是侵害消费者的知情权？侵害知情权和消费欺诈严格意义上还不是一个概念。

关于欺诈的概念，《消费者权益保护法》中没有明确规定。在认定欺诈的法定要件时，按照什么标准来进行认定，就成了现在司法实践中难以把握的一个问题。所以现在一般参考的是民法中关于欺诈的基本构成要件。欺诈构成要件主要包括四点：①存在欺诈的故意；②存在欺诈的行为；③由这种欺诈的故意和行为，造成消费者对于涉案商品的买卖产生了相应的误导；④欺诈行为和最后的错误结果之间是存在因果关系的。但是认定欺诈和认定侵害消费者知情权的一个非常重要的区别就在于欺诈是我明知道这是个假消息，或者明知道这个消息对你来说非常重要，我故意不告诉你。侵害消费者知情权是我应该向你披露信息，而我不向你披露。实际生活中，很多商家在出售商品时是侵犯了消费者知情权和存在欺诈的。

所谓侵害消费者知情权,是指如商家故意隐瞒商品的生产地等。如果是食品或者其他商品,相关标签法则有明确要求,必须提供生产场地或生产时间。不告知就相当于违反了食品包装的相关要求,就属于违反食品安全,可以推定该行为是构成欺诈的。普通的侵害消费者知情权是指,虽然商家对一些信息进行了隐瞒,但是不影响消费者对该商品做出判断与选择。

前段时间我们判决了一个欺诈消费者案。劳斯莱斯最早是英国的本土品牌,后期被宝马集团收购,实际上它的大东家是宝马。一名消费者花费520万元购买了一辆劳斯莱斯,买回去之后开了大概一年的时间,因为这个车是纯手工打造的,使用起来成本也非常高,所以消费者并不经常开,就是有时候让他的司机开出去转一转。在开的过程当中,司机发现前面的记录仪和电子显示板会出现黑屏,消费者就把车送到4S店进行保修。送到4S店,维修人员当场拆卸电子显示屏的显示板,一开始还是显现不出来,后来连接电脑,发现里程记载表里面显示了两个里程,一个是1000多公里,一个是5000多公里。每个车里面都会有一个里程记载表,这个表能够显示出车大概的使用状况,客观说这个表是可以调整的。很多销售厂家为了将二手车当成新车销售,会隐瞒消费者把里程表恢复为零,让它重新计算里程数。车从厂家提出来再到用户个人手里,肯定会有行驶里程,在里程数不多的情况下,一般消费者都不会认为里程表有问题。但是在该案中,维修厂的工作人员明确告知消费者该车有两个里程,一个是5000多公里,还有一个是1000多公里。并且该车的表盘周围有拆改过的痕迹。

大家知道劳斯莱斯为什么贵吗?因为一般的汽车是属于量产的,是在流水线上机械生产下来的,不需要非常多的人工和技术。而劳斯莱斯价格昂贵是因为它大量的机器配件和内部结构是人工打造的,它是贵在了人工上,而不是性能上。例如,瑞士很多价格昂贵的手表,它的外观没有一些普通机械表看上去精美,也没有普通的手表走时准确,它的价格却比普通的量产性手表的价格贵很多。一块纯手工打造的江诗丹顿手表是需要提前预订的。因为手表的所有零件都是瑞士的某些家族的传统技师一点一点手工打造出来的,它更像是一个艺术品,而不是普通的看时间的手表,它注重的是人在手工操作时的技术高低。所以本案中的劳斯莱斯里程表周围有人工拆改过的痕迹,从某种意义上来说,对整辆车的风格影响都是非常大的。消费者发现这个情况以后就将销售厂家起诉到了法院。该车的销售厂家是北京的一家汽车销售公司,可以称为 A 公司。这个车确实经过两次交易,实际上是 A 公司从 B 公司手里购买,而 B 公司是从宝马公司购买的。庭审中 A 公司和 B 公司都认为该车并没有任何问题,就是新车原装进口的,并且辩称车出现的情况与自己公司无关,可能是消费者自己拆装的。这种情况下一般需要消费者举证,因为车买回来谁都会开,在开的过程中都有可能发生事故或碰撞等。一般情况下应该按照谁主张谁举证的规定,意思就是谁说车修过或者坏过,谁得去完成举证责任。实际上这对于消费者来说十分困难,即使拿出证据,卖方也会说你是从我这里把车提走以后自己撞的或自己更换的。所以要想在消费欺诈这种案件中,尤其是汽车购买的过程中认定销售者存在欺诈故意是非常困难的一件事情。

这个案子的有趣之处在于,我们发现这个车实际上是交了车辆购置税,并且正常上了牌照。一般情况下,进口新车卖给消费者,相应的购置税是要由消费者自己购买的,除非是其他人已经买过此车,再转手卖的情况下才会出现已经交过税的情形。所以当时我们就觉得这个案子可能真的有点问题,就给宝马公司发了一封函。发完函以后好几个月,宝马公司给了我们一个回函,回函的内容大概是,这个车一两年前就已经提前出口了，最开始的目的是给中国区的宝马公司当展车使用，当展车使用的过程中发现有对外销售的机会，就把车卖给了B公司。B公司也明确知道涉案车辆是跑过非常多里程的，按照宝马公司的说法，他们出售给B公司的时候，车已经跑了4900多公里。所以B公司是明确知道该车是使用过的，并不属于新车。宝马公司当时卖给B公司时降价2万元，并且该车的车辆购置税也是宝马公司交的。看到这封回函以后，A公司就开始坐立不安，因为他跟B公司实际上是利益共同体。B公司是宝马公司在中国区专业代销车辆中比较大的4S店，A公司不想也不敢得罪B公司，只好称自己事先是知情的，并提交了一份证据承认在和B公司进行交接时，B公司也明确告诉其涉案车辆是跑过很大里程的。因此，这件事情就与B公司毫无关系了。在后期庭审过程中，A公司就开始称，消费者是明确知道这辆车的行驶情况的，要不然也不会以那么便宜的价格购买到。这个车的正常进口价格是520多万元，消费者是以520万元的价格购买的，而且这个车还是交过税和保险的。A公司认为从价格的情况来看，就是明确告知了实情，不然消费者不能以这样低的价格购买到此车。实际上在一审，包括二审的诉讼过程中，A、B公司一直都坚称这个车是从来没有上过路的，里程数就是新车里程表上显示的1000多公里。但是因为该车本来是宝马公司的自用车，所以宝马公司给出了该车在售出前的里程数，是将近5000公里的，这样就与该车另一个里程表的里程数对上了，因此我们就根据这个事实认定A公司构成了消费欺诈，最终消费者拿到了上千万元的赔偿款。这也是消费者维权案里赔偿金额最高的。

最高人民法院的派出法庭新判了一个关于消费欺诈的案子。一审、二审是支持了关于消费欺诈的高倍赔偿，判了一千多万元，但是最高人民法院认为被告的行为不构成欺诈，撤销了一审、二审的判决结果。消费者提起诉讼的原因主要有两个：一是这辆车的漆面有被修复的痕迹，二是有一侧车窗后玻璃的电动升降架进行过更换，以这两项为由，认为商家构成了欺诈，要求高倍赔偿。

该案一审、二审都支持了消费者的消费欺诈的赔偿请求，但是最高人民法院后来再审，在审查这个案件的过程当中，最高人民法院把关于汽车消费方面的专家，包括消费者协会等很多人员，以及汽车行业领域的一些专家邀请来参加开庭。进口车有一个 PDI（售前检查），从专业的角度解释，就是所有的进口车辆生产出来在对外出售的过程中，因长途运输可能会对车辆的外观等造成一定的损害，因为谁也不能保证车辆经过长期的长途运输，不发生任何剐蹭，所以进口车辆在对外出售时，进口商会对车辆重新进行一个整体的检查，如果发现确实有外观或者其他一些轻微瑕疵，是允许进口商对小瑕疵进行相应修补的，把它修补完了以后作为正常的新车对外出售。这在汽车销售领域内部来说，不被认为是用旧车代替新车的情形。

根据行业协会的意见，最高人民法院认为关于漆面碰伤以后进行修复的行为，不构成将旧车当新车进行销售的欺诈行为，这是第一点。第二点对于车窗的电动升降架更替的问题，按照销售商的说法是当时对外出售车辆的时候，购买者认为车窗的电动升降架不太灵活，主动向销售商申请更替，销售商同意并对车窗的电动升降架进行了整体更换，但是当时没有跟消费者订下明确的手续，所以消费者对车窗的电动升降架更替主张自己的权利，法院予以支持。同时最高人民法院认为，虽然进行了车窗的电动升降架更替，但是并未影响车辆正常的安全行驶，因此车窗的电动升降架的瑕疵，并不影响车辆的使用。对于被告所说的消费者明确知情车窗电动升降架更替的说法，法院并没有采纳，因为销售商拿不出证据证明消费者对车窗电动升降架更换是明确知情的。在这个案子中，法院认为销售车辆最主要的是保证车辆的安全性，单纯的车辆部分配件或者装饰物的质量的好与坏以及更换瑕疵物并不影响对车辆性能和安全的认定，所以销售商并不构成故意欺诈行为，但是损害了消费者的知情权，最终判赔了车窗价的三倍作为对消费者的赔偿，大概是 11 万元。

两个案件截然不同的结果。当然不好评价两种判法合理不合理，但是讲述这两个案件就是想告诉大家，关于构成欺诈还是构成知情权侵犯是很难进行衡量的。包括在涉及判赔标的价格非常昂贵的情况下，是按照整体去判，还是只按照有问题的部分去判，这也是现在对于消费者欺诈方面争议比较大的。

第二，关于《消费者权益保护法》中的侵害消费者安全权的问题。《消费者权益保护法》第 18 条明确规定了经营者应当保证其提供的商品或者服务符合保障人身、财产安全的要求。对可能危及人身、财产安全的商品和服务，应当向消费者作出真实的说明和明确的警示，并说明和标明正确使用商品或者接受服务的方法以及防止危害发生的方法。对于网络消费者而言，同样也存在着人身权和财产权的问题。

网络消费者在网上购买商品时，质量方面可能也会存在不合格的问题，给个人的健康包括财产造成损害。另外网上交易安全问题也一直困扰着消费者，进行网络消费时需要使用电子支付，大量的货币是通过第三方支付平台或者电子银行汇款等方式流通的，而且经营者往往也是在收到相关费用以后才发货，因此会引起交易安全保障的问题。现在网上电子银行的安全方面确实出现了不少问题。前一段时间，有些人开通了苹果的 Apple Pay 小额免密支付功能，账户凭空地被划走了很多钱。对于网络支付出现的问题，你无法去证明或者查找根本原因在哪。你去找银行的时候，银行很有可能说是由于你自己泄密，或者自己在操作过程中出现了失误。消费者并不掌控网络，也不掌握相应的技术，在信息方面处于相对弱势的地位，举证起来很困难。所以大家要提高自我保护意识。

第三，关于消费者求偿权的问题。求偿权是指在法律规定和双方约定的条件下，消费者依法享有的要求经营者更换商品或者退还货款的权利。我国传统的消费者权益保护中明确了消费者退换货的权利，也是消费者权益保护非常重要的一个组成部分。在电子商务的环境下，消费者退换货也会面临非常多的问题。比如说由于商品本身具有的一些特性是无法通过网络识别的，在商品送货上门或者消费者使用以后才能够发现。如果消费者未及时使用，超过了退换货期限，那样就会很麻烦。网上购物七天之内可以退换货是立法上规定的，但是超过七天确实也有瑕疵的产品，能不能退换货也是一个问题。如果我们在实体店购物发现有质量问题，只要能找到门店，还是可以协商退换货的。在网络购物中，如果商家不想为消费者提供退换货服务，就会采用一些格式条款，把这些权利义务做模糊性的处理，损害消费者的相关权利。

第四，关于侵害消费者隐私权的问题。消费者隐私权是目前在消费者权益保护法方面非常重视的一个问题。现在有大量的云技术手段查看消费者的消费情况，并且能够收集到市场普通消费者的消费习惯或者生活的相关轨迹。在这种情况下，关于消费者隐私的保护就成了让人非常困扰的问题。

如今电信诈骗是极其普遍的。我收到过一个有趣的电信诈骗。曾经有个人打电话到我们法院，说他们起诉我了，让我去他们那里领一下传票，我说："你起诉我，那你应该知道我叫什么"，他说他是第二中级人民法院的，我现在牵扯到一个案子，我说："那行，既然是第二中级人民法院的，那你先上我办公室来吧，咱现在就聊聊到底是什么案子"，我那会还在第二中级人民法院上班。现在很多欺诈电话，他对你的名字、地址和联系方式，包括你家里有什么人都非常清楚。而且很多网站也都暴露出来有泄露客户个人信息的情况。你可能意识不到你的个人隐私，或者信息透露对你会造成多大的损害。但是将这些信息透露给商户，或者刑事犯罪分子，会在很多方面对你个人构成安全隐患。而且包括各种骚扰的信息和电话，也对大家的个人生活造成了困扰。网络空间收集的信息是非常容易往外进行扩散的，我们在进行网购的过程中，这些平台或者经营者往往也会要求我们提供个人信息，并且制定一些隐私权条款成为他们免除责任的方式。

第五，关于侵害消费者公平交易权的问题。在网络交易过程中，我们是处于虚拟的环境，以及相关信息都是无纸化的，都是以电子的形式呈现。在不见面的情况下，对方会通过提供格式条款的方式让我们进行选择消费，这造成我们对一些条款无法进行辨认和更改，公平的交易权难以得到保障。

我们看一下在网络购物纠纷当中，常常遇到的一些难题。首先网络购物这种新型交易模式会面临非常多的问题。现阶段我国对网络消费者的权益保护主要是通过法律手段、行政手段还有市场自律和消费组织来进行。网络购物纠纷已成为司法实践、行政执法以及消费者维权机构面临的难题。问题难以解决的原因主要体现在以下几点：

第一，确定主体难。网络的虚拟性造成买卖双方是不碰面的。卖家的真实姓名和住址与网络上注册的内容是否一致是很难确定的。很多网上交易的店铺也没有进行过工商登记等相关手续的办理，经营者诈骗或者侵权以后，消费者很难找到维权的对象。

第二，明确管辖难。根据现在法律法规的规定，执法部门在对销售的经济商品进行监管的时候，往往是按照行政地域来划分自己对于这件事情处理的管辖权的。由于网络的虚拟性，实际工商户的地址是不确定的,这就造成监管也非常困难。所以现在关于网络经营者的管辖问题,大家争议一直比较多。有的人认为,应当以经营者的住所地作为确认网络案件管辖的一个基本原则;有的人认为应该以违法行为地作为确认网络案件管辖地,但我觉得违法行为地是指出售人的行为地还是指买受人的行为地是不太好确定的。另外还有一种观点认为,既然是维护消费者权益,应该以消费者受侵害的地点作为确认管辖地,即消费者权利受损地在哪里,就在当地进行确认管辖,这对消费者来说是非常便利的。对于管辖原则,具体以哪种标准确定,现在还是争论不休的。

第三,责任认定难。网络购物不光是有一个产品制造的过程,还有一个从生产厂家取出来以后再发送到消费者手里,甚至可能还会在消费者手里使用过一段时间的这种可能性。从经营者发货到消费者收货经过了三个环节。双方对于标的的质量、价款、报酬、履行期限、地点和违约责任等问题,如果约定得非常不明确的话,任何一个环节发生了问题,在责任认定上都会非常困难。作为消费者相关维权部门仅凭简单的观察和辨别,有时候也很难确定一个商品的质量,究竟是商品本身出厂时候就带有质量问题,还是在流通过程中产生的,难以确定,甚至他们之间还会相互推卸责任。现在新的电子商务法,对网络产品销售以后的物流方面有了一些相应的法律规定,但是细节性问题还是非常不明确的。所以很多问题还得参照《合同法》的一些规则和原则来进行认定。

第四,调查取证难。现在的网络购物交易是没有实际地点的,也没有任何书面证据和固定的形式,大部分属于异地交付,产品的销售商通常不会给消费者开具相关的收款凭证或相应的发票。即使权益受损,也没有办法在诉讼的过程中,提交证明自己对该标的物享有实际权利或者购买来源的合法的相关证据。而且电子数据具有极容易被修改或者删除的特性，证据也不太好固定，需要比较专业的技术手段和设备才能够进行调查取证，所以取证困难是现在网络消费相关案件中比较难解决的一个问题。

下面我们看一下在电子商务纠纷中，关于电子商务合同当事人的身份和缔约能力的确认问题。首先关于电子商务合同中当事人身份的确认。在传统的合同对接过程中，你是可以直接查看对方的身份证、对方的营业执照、授权委托书的。但是在电子商务中，参与网络的唯一路径就是技术和设备，参与人的身份是不受限制的，所以没有办法审查对方所提供信息的真实性。目前比较有效的确认交易安全性、确认对方身份的方法就是电子签名和电子认证制度。现在政府大力推广，甚至很多知名的平台要求实名认证，目的就是避免在网络交易或者一些行为过程中对对方的主体身份无法进行确认。

我国有《电子签名法》。什么叫电子签名和电子认证？《中华人民共和国电子签名法》的第2条明确规定，本法所称电子签名，是指数据电文当中以电子形式所含、所附用于识别签名人身份并表明签名人认可其中内容的数据。使用电子签名，是为了保障合同交易过程中对主体身份的识别，以及方便为将来追究违约责任提供相应的证据材料。其实电子签名的首要目的，不是让别人来识别我们，从某种意义上来说，它是我们在使用一些重要信息时内部的一种保障机制。

电子认证是由特定机构对于电子签名和签署者的真实性进行验证的一种具有法律意义的服务，主要是为了保障交易关系的信用安全，保障交易人的真实可靠。电子签名是一种对交易者自身交易安全的保障，电子认证是指由特定的第三方机构通过一定的方法对签名的真实性进行验证的一种活动，从而防止外部人员的入侵和欺诈，杜绝交易者之间相互的否认和误解。电子认证对于电子商务的保障，不仅需要一定的电子技术，而且需要特定的社会结构与之配套，并且这个认证

关于电子商务合同纠纷法律适用的问题

机构要作为可以信赖的第三方参与其中。这是关于当事人身份的一种确认方式，也是现在网络交易中一个非常重要的方式。

关于缔约能力的确认。我国《合同法》第9条规定，当事人订立合同，应当具有相应的民事权利能力和民事行为能力，这项规定也适用于电子商务合同。在电子商务中，如何能够获知对方的缔约能力，在实务判断上存在一定的困难。现在主要通过两种方式来判断网络经营者的缔约能力。第一种是要建立电子商务市场准入机制，将不合格的网络经营者在签约前拒绝在电子商务之外。从事网上零售业的经营者，如果想合法地参与网上的商业活动，必须获得相应的电子商务的经营许可证，并在该经营范围内缔结电子商务合同。

所以电子商务市场准入机制，先要由平台帮普通消费者去把关，如果平台不把关出了问题，平台是要负责任的。比如像淘宝或京东，对于进入它们的平台去做电子商务的网络经营者，平台要先进行一个资历和身份认证的审查。按照法律的规定，如果是特定的企业、特定的牌照字号，需要取得行政许可的要取得行政许可，需要获得工商登记的要获得相应的工商登记。经营者要先向平台提供相应的合格手续和身份，再经过平台的审查认定，才能够被允许成为平台上面合法的电子商务经营者。如果平台在审查的过程中存在审查过失，也就是准入有问题，那么普通消费者的消费权益一旦发生损害，如果找不到所谓的合法的经营者，平台就有可能会因为它的审查问题承担相应的责任。

电子商务市场准入机制，一般要审查企业的营业执照，而且经营项目要符合电子商务的相关要求，服务质量必须达到国家规定的质量要求，取得相关部门颁发的行政许可证。原则上，大部分平台会对验证资信良好的经营者，授予一个被验证的身份证，也就是会有一个数字证书来证明该经营者的身份是特定的，其他的如果有冒用其名义来进行销售的生产厂家或者是销售商是不能够取得平台的认可的。另外其还可以建立固定的销售和网络服务体系等。

其次是平台还需要有一个官方的因特网认证机构,在用户进入电子商务市场的时候,按照网上交易的要求,要核实用户的真实身份,然后签发一份电子证书。其中既包括身份证明,也包括网上交易的种类和支付能力的证明等。用户进行任何一项交易,都要携带该电子证书来证明他作为电子商务主体的合法性。也就是说把交易方是否认真核对电子商务证书,作为其主观上是否善意,或者是否已经尽到了必要注意义务的判断因素之一。平台是有义务审查经营者的经营资质的。

新出台的《电子商务法》关于相关的审查标准的问题也作出了规定。《电子商务法》是 2019 年 1 月 1 日才开始实施,成为影响我们生活的一部法律。电子商务经营者应当依法办理市场主体登记。但是,个人销售自产农副产品、家庭手工业产品,个人利用自己的技能从事依法无须取得许可的便民劳务活动和零星小额交易活动,以及依照法律、行政法规不需要进行登记的除外。从法条中可以看出,正常的情况下,网络电子商务经营者是必须进行市场主体登记的。市场主体登记就是经营者要在工商部门进行注册,比如企业或者单位需要办理相应的工商注册手续,领了执照以后才能来网上当经营者,但是如果做电子商务销售的产品是自己家里的,比如今年种出来了不少苹果觉得挺好,还有比如扶贫网之类的,没有明确商标的这种短期销售的农副产品或者一些小的手工业产品,或者是提供维修服务或保洁服务等,以及类似于并不需要登记牌照的便民的小劳务活动或零星的小额交易活动,是不需要进行工商登记的。

《电子商务法》第 12 条是"电子商务经营者从事经营活动,依法需要取得相关行政许可的,应当依法取得行政许可。"这个是指一些特殊的经营部门或者行业，比如说烟草、酒和药品。如在京东商城销售药品是单独有一个序列的，药品的资质审查各方面的条件与普通的商户入驻的审查条件是不一样的。商户要在京东商城销售药品，必须符合国家关于特许经营方面的一些行政审批许可的要求。

《电子商务法》第 16 条是"电子商务经营者自行终止从事电子商务的，应当提前三十日在首页显著位置持续公示有关信息。"如果经营者想要终止经营行为，必须在网上提前 30 天公布相关信息。如果只公布了两天店就关门了，其他的消费者想退货的没法退货，想主张权利的没法主张权利，这也是相当于违反相应的立法规定的，经营者也会因此承担相应的责任。

《电子商务法》第 27 条和第 28 条主要是针对平台经营者。电子商务经营者和平台经营者是有区别的。京东、淘宝这些大的门户性网站相当于一个中介平台、一个通道，是为所谓的电子商务经营者去提供销售平台，但是它又不完全是一个普通的平台，它也会有自己的自营项目，会对外出售自己自营的一些产品。对于自营产品而言，它既是平台经营者，也是电子商务的经营者。就是它不光销售，在销售的同时也担当市场的管理者。《电子商务法》第 10 条、第 12 条、第 16 条是规范电子商务经营者，第 27 条、第 28 条是规范平台经营者的。电子商务平台经营者应当要求申请进入平台销售商品或者提供服务的经营者提交其身份、地址、联系方式、行政许可等真实信息，进行核验、登记，建立登记档案，并定期核验更新。法条规定看起来可能是不起眼的文字，但是将来是有可能成为主体去承担责任的依据。比如所谓定期核验的问题，商户经营者的执照或者行政审批许可会有时间的限制，甚至有些知识产权的产品，它的授权也是有时间限制的。作为平台经营者，不仅要在经营者入门的时候对入门的资质进行相应的审查，后期也要进行核验。将来如果没有履行相应的义务，平台就有可能因此而承担相关的责任。

《电子商务法》第28条是关于电子商务平台经营者应当按照规定向市场监督管理部门报送平台内经营者的身份信息，提示未办理市场主体登记的经营者依法办理登记，并配合市场监督管理部门针对电子商务的特点为应当办理市场主体登记的经营者办理登记提供便利的内容。以上就是《电子商务法》中关于个人身份的部分，需要经营者和平台履行一些义务，这样能够保障在合同交易的过程当中主体身份的合法性。

下面讲一下经营者的信息披露义务的问题，也是在侵害消费者权益当中非常重要的一项，经营者不履行信息披露义务会损害消费者的知情权。在电子商务合同交易当中，鉴于双方不见面，大部分意思表示都是通过数据电文形成的，所购的商品也不能够以实体的方式出现在消费者面前供消费者亲自挑选，而是以网络广告的形式进行介绍，这样就会造成消费者对于涉案商品不能够形成直接的感官认识。而且有的时候销售厂家为了追求利益最大化，作为信息的优势者往往会在广告中隐含一些对普通消费者不利的信息，或者提供不完整的信息，甚至提供一些虚假的信息，这些都不利于消费者权益的保护。

我们在进行网络购物时，下意识打开的都是直接推送的商品的排列顺序。在商品数量庞大的情况下，越是排名靠前的商品越可能会成为消费者购买或者选择的商品；越是排名靠后的商品，往往大家不会去关注甚至可能在整个搜索过程当中，前面看得太多不会去看最后的商品。所以很多商品出现在一些平台上时，商家是要向平台交付竞价排名的费用的。在竞价排名的情况下，消费者所看到的排名可能根本就不是商品真实的质量或者性价比的排名，而是经营者通过付费最终在平台获得的一个排名。新的《电子商务法》当中关于竞价排名有明确的规定，如果属于竞价排名的相关商品推荐，必须标注"广告"

的字样。也就是说,它是商家为了推广该产品,实际上进行的一种广告行为,而不是商品的真实性价比的推荐。

明确经营者的信息披露义务。对于经营者至少应该在电子商务合同当中披露以下内容:首先,关于经营者的自身信息。应该包含企业名称、贸易商号、主要经营地址等,以有助于消费者的诉讼维权,包括有效的通信地址和现实的通信地址、联系电话和电子邮箱等。提供工商注册地址、营业执照号和相关政府登记资料,也是为了便于消费者对于经营者身份进行核查,实现社会监督,这是第一项需要披露的内容。

其次,关于商品和服务的相关信息。商品生产场地、价格用途等,这些都会影响到消费者在消费时的真实感受。鉴于网络消费在交易当中无法见到真实的商品,在披露信息方面往往对于该类产品要求得更加严格。网络商品信息披露有时候与真实的产品并不是完全一致的。

前一段时间我们审理了一个关于茶叶买卖的职业打假案。按照我国食品安全的相关规定,只有重瓣玫瑰能够作为食品添加材料进行使用。涉案产品在网站上公布其茶叶的配料是大马士革玫瑰,在国内还没有专业的部门能够就大马士革玫瑰的性质做认定。一名消费者在购买该茶叶后,经过自己分析,认为该网站上标明的大马士革玫瑰不属于玫瑰系里面的重瓣玫瑰,因此认为该茶叶是不符合食品安全的,会影响健康,要求商家十倍赔偿。虽然在网站上商家公布的是大马士革玫瑰,但消费者实际收到的商品里面的配料标签明确写的是重瓣玫瑰。消费者并没有注意到标签上的内容,直接向法院提起诉讼,起诉意见就是按照法律规定,除重瓣玫瑰能够作为食品使用之外,其他的产品都是不能够作为食品来使用的,消费者认为网站宣传页面显示的是大马士革玫瑰,就构成食品安全问题,要求商家十倍赔偿。

庭审过程中，商家向法庭提交了标签，辩称其虽然在网页宣传上宣称所使用的玫瑰是大马士革玫瑰，但实际上使用的是重瓣玫瑰，而且是符合国家食品安全的。法庭询问消费者购买的原始目的，究竟是想买一个符合食品安全的产品，还是想买一个假货。如果是想买正常的符合食品安全的产品，标签上显示的配料正好是一个合格产品，是符合食品安全的标准的。消费者承认自己想买一个合格产品，最终法院驳回了他的诉讼请求。这个消费者就同一种玫瑰产品，在很多法院都进行了起诉。客观地说这个消费者不是一个有打假经验的人。正常情况下，一般的职业打假人都非常注重产品上面的标签，所以他相当于是没有看清楚商品标签，本来想买一个假货打假，结果还没有买对，买到了一个合格产品。后来他的诉讼请求变更为退货，因为这种职业打假者会一次性购买很多单项产品，一般也会花费很多，他的目的不是消费使用而是为了打假，所以原始的基数越大，打假以后获得的收益就越高。列举这个案子主要是想说明，平台会向消费者进行一些电子信息的公布，但是公布的信息不见得与实际收到的商品完全一致，甚至有的产品还不公布相关信息。

最后，交易信息。电子商务经营者应该提供有关交易的全面的、真实的信息，使消费者在充分了解信息的基础上考虑是否缔结合同，做出相应的决定。交易信息主要包括商家收取全部费用的详细清单，商品配送和服务的履行方式，包括付款方式、购买限制、父母或监护人的批准、地理时间的限制、消费者的犹豫期以及消费争议的处理方式等。这些都是涉及交易安全的信息，这些信息其实大部分都是由平台经营者去提供的。商品本身的交易者在这方面披露的信息内容相对少一些。

提到这个想讲一下，前段时间关于携程网的搭售问题。在携程网上面购买机票的原始的基础报价是比较优惠的，但是最后成交价格会不知不觉加上好几十块钱。其实是因为携程的操作系统除默认的机票价格之外，还包括当地的接送服务、优惠券等额外费用。携程网在出售机票的过程中，这些信息是根本不会对消费者进行披露的，只会展示最终的成交价款。很多消费者对于交易过程中的搭售服务，包括交易价格的构成是不清楚的，甚至要买机票的话对于这些额外费用就必须全部接受。但是后期，携程网因为搭售服务问题被曝光，现在在携程购买机票，涉及额外的配套性的服务或者额外的消费，都会有明确的显示让消费者自己选择。原来的处理方式是不管选择不选择系统都会默认，或者说也有可能是消费者自己没有注意到下面部分的小字，或者是携程网采用了相对模糊的方式处理，一般人都会注意整体的大的价格框架，很少会去留意下面的小字。但现在对于这种额外需要附加的条款，必须要点了确认以后才会支付这些相关费用。

我想说的是，商家收费明细清单是不能够欺骗消费者的，如果有配套搭售的相关服务或者消费模式，原则上必须对消费者进行明确的公示才可以。包括一些购买方面的限制，比如原来购买携程的特价机票会有一个提示，如果你在价格非常便宜的情况下购买机票，是不允许退票的。虽然这种票在携程本身的网站上不允许做退票处理，但如果真的发生退票行为，携程网其实是可以与相关航空网站取得相应的退票价格的。

下面谈一下信息披露的原则，共有五点：一是完整充分；二是真实准确；三是易于获取，即经营者在披露信息的时候，必须保障消费者能够正常查阅，不能采用一些技术手段对信息进行隐藏，或者故意给消费者访问该信息制造障碍，或者是运用一些链接技术，使消费者经过多次链接也没有办法获得所需要的信息；四是易于理解，经营者在信息披露的过程当中，所使用的语言必须是浅显易懂的，即在披露时，不能使用一些晦涩难懂的技术性语言；五是要及时披露，保证在订立合同之前消费者就能够了解到合同的相关信息。《消费者权益保护法》第28条规定："采用网络、电视、电话、邮购等方式提供商品或者服务的经营者，以及提供证券、保险、银行等金融服务的经营者，应当向消费者提供经营地址、联系方式、商品或者服务的数量和质量、价款或者费用、履行期限和方式、安全注意事项和风险警示、售后服务、民事责任等信息。"

三、电子格式合同

下面说一下格式条款的问题。根据《合同法》第39条第2款规定，格式条款是当事人为了重复使用而预先拟定，并在订立合同时未与对方协商的条款。其在不同的国家有不同的称谓，比如在德国法中被称为一般交易条款，在法国法中被称为复合条款，在英美法系中被称为不公平条款，在日本法中被称为普通条款。虽然上述格式条款含义有所不同，但都包含一个共同的特征，就是反复使用，而且预先拟定，也就是在订立合同时并不需要跟对方进行协商，所以存在潜在的不公平性。

随着计算机网络时代的到来，对于广大的网络消费者，经营者是不可能与每一个消费者进行面对面的谈判的。所以格式合同以其极大的便利性成为现在网络商家的最佳选择。大量的订阅方式延伸到电子交易当中，就会促使电子格式合同大量出现和应用，主要分为两种，一种是拆封合同，一种是点击合同。

拆封合同往往是指合同的提供人将其与不特定第三人之间权利义务关系的相关条款，直接印在标的物的包装上面，并在合同中声明，只要消费者在购买后拆开包装，就视为接受相应的格式合同。另外一种被称为点击合同，也被称为网站包装合同，主要是指商品和服务的提供者，通过计算机程序预先设定合同条款的一部分或全部，以规定

关于电子商务合同纠纷法律适用的问题

其与相对人之间的法律关系，相对人必须点击同意以后才能订立的合同。点击合同是典型的电子格式合同，其应用范围比较广泛，涉及产品的许可使用，拆封合同局限于买卖合同关系。同时，点击合同一般是在消费者阅读了解格式条款以后订立的。所以相对于传统意义上的拆封合同，点击合同为消费者提供了事先阅读格式条款的机会。拆封合同打开就意味着合同订立，消费者是没有预先阅读相关格式条款的机会的。另外，点击合同具有部分可选择性，在某些点击合同当中的条款可供消费者选择，选择不同的权利和义务，关系亦有所不同。而对于拆封合同中的条款，消费者往往是不能够选择或者改动的。

电子格式合同对于消费者来说，具有简化手续和节省交易成本的特点，而且又有明确的权利与义务的约定。对于现在的网络消费来说，确实也是非常好的东西。但不能忽视的一个重要的事实是，格式合同项下消费者本身是没有参与合同的制定的。合同双方当事人的经济地位和社会地位极不平等，一方是拥有商品和服务的控制权的经营者，另外一方则是急需获得商品或服务的消费者。对于消费者来说，缔约自由是根本不存在的，消费者通常是在迫于无奈的情况下，接受经营者提出的各种不合理要求的。

我们看一下电子商务纠纷中电子格式合同对于消费者权益的冲击。尽管电子合同对于消费者来说，具有简化手续和降低交易成本、明确民事责任的效果，但是消费者不是合同制定的一方主体，再加上双方在信息和地位上严重不平等，造成正常情况下民事合同的缔结自由无从谈起。消费者往往是迫于无奈接受经营者提出的一些不合理的条款从而接受相应的合同。为了追求利益的最大化，经营者利用其在制定合同过程中的优势地位，在格式合同中规定一些对自己非常有利的条款，限制一些网上消费市场的自由竞争，产生了诸多的负面影响。早期的淘宝或者其他购物平台，包括很多商家，他们在缔结合同方面都是有优势的。尤其一些免责条款，还有制定的一些相关规则、交易模式等，都是由平台或者处于市场优势地位的经营者出具的合同主要的交易条款，限制一些普通商务的正常自由竞争。这种行为会对网络消费者的自主选择权构成一定的挑战。首先，格式合同通常都是经营者事先拟定好后强加给消费者的，排除了双方协商的可能性。其次，格式合同会侵害消费者的公平交易权，因为网站提供的格式合同一般都非常长，而且非常复杂，大部分消费者不会把所有的条款仔细阅读完，他们只会选择性阅读，然后点击同意。

网络经营者利用了消费者的惰性心理，会把一些不利于消费者的内容订立到格式合同中，主要做法如下：一是经营者减轻或免除自己的责任。如制定网站不会对因为自身或工作人员的过错所造成的消费者个人资料丢失或者泄露负责这样的条款。二是加重消费者的一些责任。三是限制和剥夺网络消费者的权利。比如规定消费者在购买的商品存在瑕疵的情况下，只能要求更换，不能解除合同，或者减少价款、要求赔偿损失等。四是不合理的分配风险。比如产生系统故障、第三人行为或不可抗力等风险时，本来责任应该由双方共同承担，或者是协商情况下确定分担原则，但是商家往往会在格式合同条款当中把这些不可抗力因素的风险转嫁给消费者来承担。还有缩短法定的瑕疵担保期限。比如法律一般规定，特定商品是有瑕疵保障或质量保障的固定期限的，商家可能会通过缔结格式条款的方式来降低风险，减少期限。五是转移法定举证责任。六是单方约定有利于自己的一些纠纷解决机制。

格式合同使得消费者的知情权难以实现。主要体现在电子格式合同的表现方式上，因为提供方常常会采取多种不合理的手段，使消费者"不能"也"不想"了解格式合同的相关内容。比如故意将不公平的条款以非常细小的文字去展现，或者将条款内容制作得模棱两可,令一般消费者不能够理解条款的相关内容,或者使用一些比较晦涩的语言、生僻的专业术语,使消费者难以理解,等等。

关于电子合同的法律规制,《合同法》对格式条款已经作出了明确的规定,要求条款提供方遵循公平原则来确定当事人的权利义务,也确定了一些合同无效的原则,而且制定了一些相关解释意见。《消费者权益保护法》的第26条,也明确规定了经营者不得以格式条款、通知、声明、店堂告示等方式,作出排除或者限制消费者权利、减轻或者免除经营者责任、加重消费者责任等对消费者不公平、不合理的规定,不得利用格式条款并借助技术手段强制交易。《合同法》和《消费者权益保护法》确定的基本原则和精神,对于电子商务合同中涉及电子格式合同的情况也是予以适用的,它的特殊性就在于保障消费者在缔结合同前有充分合理的审查机会。若没有赋予消费者审阅合同条款的机会,或者条款约定不明,或者是网页显示的字体难以引起注意,或者以不清楚的超级链接方式链接条款内容的,视为没有向消费者履行告知义务。即使点击了同意,如果不认定属于格式条款,也是可以排除该格式条款的适用效力的。

还有一种方法是严格的限制电子格式合同的单方修改权,防止经营者利用技术手段和对于信息的掌控能力对合同条款做出重大修改,以此严重影响消费者的合法权益。经营者应当负有相应的通知义务,包括给消费者合理的准备时间。

《合同法》第39条是关于格式条款的,该条第1款规定:"采用格式条款订立合同的,提供格式条款的一方应当遵循公平原则确定当事人之间的权利和义务,并采取合理的方式提请对方注意免除或者限制其责任的条款,按照对方的要求,对该条款予以说明。"第40条规定:"格式条款具有本法第五十二条和第五十三条规定情形的,或者提供格式条款一方免除其责任、加重对方责任、排除对方主要权利的，该条款无效。"第41条规定："对格式条款的理解发生争议的，应当按照通常理解予以解释。对格式条款有两种以上解释的，应当作出不利于提供格式条款一方的解释。格式条款和非格式条款不一致的，应当采用非格式条款。"

新出台的《电子商务法》当中也有类似的规定。原来的电子商务合同法草案是鼓励消费者和消费者组织，参与电子商务交易平台经营者或者电子商务经营者所提供的服务协议或者网络规范的制定、修改和评价。但是草案这一条在最后《电子商务法》正式出台以后没有加进去，理由可能是觉得让消费者或者是消费组织去参与平台条款的制定，是一件非常困难的事情。因为平台的经营者或者电子商务的经营者不会给普通消费者提供一个类似于制定格式条款的机会，也就是说介入机制实现的可能性非常小。所以，最后关于格式条款保留了一项，就是在《电子商务法》第49条第1款当中涉及的有关格式条款的一个规定，电子商务经营者发布的商品或者服务信息符合要约条件的，用户选择该商品或者服务并提交订单成功，合同成立。当事人另有约定的，从其约定。该条款对合同在什么情况下明确订立和生效做了一个界定。该法第49条的第2款，电子商务经营者不得以格式条款等方式约定消费者支付价款后合同不成立；格式条款等含有该内容的，其内容无效。虽然没有完全采纳《合同法》中格式条款的相关内容作为《电子商务法》项下关于格式条款的释义，但是并不代表在遇到类似案例的情况下，不能够适用《合同法》的相关规则来调整涉及格式条款的相关内容。

在这里回顾一下新浪免费邮箱的案子，很多人认为消费者是被迫接受的，因为用户想用邮箱，不接受相关的规定，就无法免费使用邮箱。在这种情况下，可以随便更改邮箱的大小的服务条款，是不是构成格式条款？考虑到新浪网处于一种相对垄断的地位，在用户跟它缔

关于电子商务合同纠纷法律适用的问题

结合同的时候，确实有可能会处于一种相对不公平的弱势状态。在这个案件中法官认为格式条款是网站为了重复使用而预先拟定的，判断格式条款是否无效，应当以《合同法》第52条和第53条列定的情形为标准，不应当为当事人单方的理解和认识所左右。新浪网作为互联网信息的服务提供者，其从事的是商业活动，在保证用户享有高效优质服务的前提下，通过提供免费邮箱，吸引更多的访问者，以此实现商业利益是正当与合法的商业追求。经过庭审审查，没有证据证明新浪网使用格式条款与用户缔结的电子合同中存在明确的法律强制禁止的内容。所以对于原告所主张的免费电子邮箱确认订立的合同构成格式合同的观点，法院是不支持的。

我曾经审理过一个类似的案件。简单介绍一下案情，2012年9月5日，亚马逊中国网站举办了一个名表促销活动，夏先生以396元的价格订购了两块依波表和一块海鸥表，下单的时候约定的是到货支付余款。当天上午9时，夏先生陆续收到了亚马逊公司的订单确认邮件。其中海鸥表显示有货，另外两块依波表显示缺货，表示一旦确认发货日期就会给夏先生发货。到了9月8日，夏先生却收到了亚马逊公司的邮件通知，称他所预购的三块手表因为不能采购到货，所以无法发货，并且在没有通知夏先生的情况下，直接把订单删除了。亚马逊公司的网站上面公布的使用条件中有一项内容，是只有在亚马逊公司发出发货确认的电子邮件或短信通知的时候，才会认定为合同成立。所以根据这一项规定，亚马逊公司认为双方的合同并没有有效成立。

2013年，北京市朝阳区人民法院对这起电商删除案作了一审的判决，判决亚马逊公司继续履行订单，向夏先生交付其订购的三块手表。在这个案件当中，法院经过审理认为，亚马逊网站关于使用条件的规定是对消费者基于一般的消费习惯所认知的交易模式的重大改变,会对消费者的合同利益产生实质性的影响。所以亚马逊公司对于这种消费者支付完货款提交订单,还要以其有货作为发货的交易模式,应当尽到充分合理的提示义务,提醒消费者注意该项特别约定。法院认为亚马逊公司未就使用条件的格式条款,以合理的方式提醒消费者注意,特别是没有在消费者提交订单之前,以合理和明确的方式提示他注意,所以这个使用条款的相关约定应当视为没有订立到合同中去,不应当对消费者产生相应的法律效力。这种单方删除订单的行为损害了消费者的权益,应当承担相应的违约和侵权责任。此外,判断合同何时成立也是这类案件对于责任分配最重要和最先决的问题。即明确什么情况下是要约,什么情况下是承诺,什么情况下双方已经形成了有效的合同,什么情况下我只是向你发出邀请可以订立合同,但是并没有承诺形成有效的合同是非常重要的。该案从判决体现出来法院的基本立场,是从保护消费者权益的角度出发的,是有利于消费者权益保护的判决,是符合我国立法的目的和相应的精神的。

下面我们再看一下关于电子商务合同履行过程中的消费者权益保护问题。电子商务合同的履行方式主要有三种:一是货到付款,二是款到发货,三是第三方支付。

一般情况下,款到发货的方式是比货到付款的方式更便宜一些。经营者都很希望先收到货款,再进行发货,这样有一定的安全系数,所以在先付款的情况下经营者会给消费者一些优惠和奖励。但实际上对于普通的消费者来说,货到付款方式能够使交易更加稳定和安全。因为消费者可以有一个验收的过程,如果收到的东西与实际想要的东西不一致,可以拒付货款,但是有很多商品是不提供货到付款模式的。货到付款至少能够对消费者的基本权益有一个保障,消费者可以验完货之后再收,这样就可以有效地防止一些比如邮寄空盒或假冒伪劣商品的情况。第三方支付往往是把货款打到第三方的账户,在第三方确认消费者货物已经收到,而且验收没有任何问题了,再把货款转给经营者。支付宝可能是最早的有关第三方支付的方式。消费者购物后,会先把货款放到支付宝平台,由支付宝先进行相应的监管,当货物收到验收确认完毕以后,支付宝会给消费者一个合理的期限,在这期限之内如果不提异议,才会把寄存在其平台下的相关款项划给商家。所以无论是款到发货还是货到付款,可能最便捷的方式就是第三方支付,这对于买方和卖方来说都是非常安全的一种交易模式。

最后是关于网上支付安全保障的问题。在电子商务当中,消费者支付价款一般分为网上支付和网下支付两种模式。网上支付往往都是通过互联网完成相应价款的支付,或者通过第三方支付平台来实现的。网下支付虽然安全可靠,但是交易成本非常高,速度又慢,较为烦琐,不及网上支付便捷。现在网上支付的客户比例是不断增长的,这也成为电子商务顺利实现的一个重要环节。同时网络支付也引发了一些问题,对支付安全发出了挑战。比如交易故障或者是数据库错误,包括账户资金被挪用等,还有一些机密交易资料被泄露,或者黑客进入系统中篡改账户等,对消费者权益造成损害,也不利于合同的履行。

以上内容与大家的生活还是息息相关的。如果同学们想更深入了解电子商务合同纠纷法律适用问题,我们私下里可以继续探讨。

后　记

　　《法律家演讲录》第 4 卷即将出版，距离上卷出版已隔一年有余，原本想再积累一些，但时间所限，已不容拖延。

　　首都经济贸易大学法学院自成立至今，经历了三十余年的洗礼。法学院所沉淀的文化底蕴已然成形，风风雨雨的几十个春秋，培养了一代又一代的高素质法律人才。学院每年都会聘请外校专家、学者、律师、法官等法学界人士进行讲座和授课，与法学院的学生们深入交流法学相关难点争点，探讨当下最为热点的话题。这些系列讲座为同学们今后的论文创作、就业规划、人生发展提供了直接的帮助，开阔了学生的视野，帮助学生做出更好的选择。

　　本卷共收录了四个讲座，以"司法裁判中的热点法律问题"为主线，按照讲座的先后顺序展开，主讲者均为专家型的法官。北京市第三中级人民法院执行庭的宁群法官，以其二十多年的实践工作经验，与大家分享了自己的心得体会，并以"执行实施相关规定与实践"为主题为同学们讲述了现阶段我国的执行现状及问题。同样来自北京市第三中级人民法院民二庭的刘茵法官，通过对诸多典型案件的独到分析，特别是关于劳动争议和电子商务的裁判理念，以及具体

后　记

法律法规的理解与适用问题，让同学们感受到了法律专业的魅力。来自北京市高级人民法院审管办的范跃如法官，则运用最为简洁的语言对现阶段法院审判呈现出的三个趋势进行了阐释，极大地丰富了在校学生对审判实践的认知。

四场讲座，都由来自一线的精英法官担任主讲。他们并不以同学们的实践经验少而加以推脱，均用最为通俗易懂的语言进行描述和表达，在"传道、授业、解惑"之余，也展现了法律人的所思所想。他们通过一个个鲜活的案例，为尚未走出校门的莘莘学子揭示了法律的实践价值。因此，非常感谢三位主讲者对同学们的真诚与付出，相信他们的讲座已经在学生们心中播下法治的种子。

感谢法学院的领导，由于他们对法学院的坚守和对学生们的关怀，特别是对出版工作的大力支持，才有了本书成册的可能。感谢法学院2019级硕士研究生王南、徐慢、乔洪娟、张蓝天、赵旭夏五位同学，承担了全部讲座的录音以及文字整理工作。正是他们的辛勤付出，才为我们带来了书籍问世的激动时刻。中国政法大学出版社一如既往支持此项工作，在此也一并表示感谢。

上下五千年，文字作为中华文化的血脉，传承千古，不曾泯灭。我们将这些法律家的语言编纂成书，也有将这些宝贵的内容记录下来并留给下一代人鉴赏的良苦用心，希望读者可以体会并有所感悟。

鉴于人力有限，书中若有瑕疵勘误，望社会各界予以批评指正并给予宽容谅解！

编　者

2019年6月